FACULTÉ DE DROIT DE TOULOUSE.

DU VOL.

DISSERTATION

POUR

LE DOCTORAT,

Présentée à la Faculté de Droit de Toulouse,

Par M. LE DESCHAULT (Adrien), avocat,

NÉ A CHAUMONT (HAUTE-MARNE).

·›))))((((·

TOULOUSE,

IMPRIMERIE BAYRET ET Cie,

RUE PEYRAS, 12.

—

1854.

DU VOL.

DISSERTATION

pour

LE DOCTORAT,

Présentée à la Faculté de Droit de Toulouse,

Par M. LE DESCHAULT (Adrien), avocat,

Né à CHAUMONT (Haute-Marne).

TOULOUSE,

IMPRIMERIE BAYRET ET Cie,

RUE PEYRAS, 12.

1854.

INTRODUCTION.

Du droit de Propriété.

Au nombre des vérités qui de tous temps ont été admises chez tous les peuples, l'une des plus incontestables est sans contredit la nécessité de la propriété.

Que l'on se reporte aux âges les plus reculés, que l'on consulte les monuments les plus anciens de l'histoire des diverses nations, que l'on ouvre les livres de Moïse chez les Hébreux, ceux de Menou dans l'Inde ; partout l'on rencontre des traces de la propriété, partout on la trouve reconnue et sanctionnée par les lois.

Ce fait aussi unanimement admis que l'existence même de la divinité n'aurait pas eu besoin de preuve, s'il n'avait été combattu de nos jours par quelques esprits aventureux, frappés sans doute des abus auxquels donne quelquefois lieu le droit de propriété.

Les divers systèmes qui ont été imaginés et qui, tous, sous prétexte d'un bien-être plus grand, ne tendaient en définitive qu'au bouleversement général de la société, ont été victorieusement combattus. Des hommes éminents ont, par des arguments irréfragables, prouvé la nécessité et la légitimité des droits du propriétaire.

Sans nous arrêter sur les ouvrages qui ont été écrits, sans essayer de joindre notre faible voix à celle des auteurs distingués qui ont abordé cette matière, nous devons dire que la propriété est un des mobiles les plus puissants donnés à l'homme pour lui faire supporter patiemment l'épreuve qui lui est imposée ici-bas. La propriété donne aux parents de quoi pourvoir aux besoins de leur famille, de quoi instruire et élever leurs enfants, aux enfants de quoi soutenir leurs vieux parents. Priver l'homme du droit de propriété, c'est lui enlever une de ses plus douces espérances, c'est le priver du fruit de son travail, c'est le réduire au découragement.

Sans la propriété la terre inculte et stérile languirait dans l'ombre; l'homme actif et laborieux se verrait forcé de partager avec un voisin paresseux et débauché ce qu'il a acquis à la sueur de son front; il se verrait privé de cette consolation si douce, de cet encouragement si puissant qui lui font accomplir des ouvrages au-dessus de ses forces, la pensée, l'assurance, que le fruit de sa peine, le résultat de ses travaux appartiendront à ses enfants, et leur procureront une existence douce et tranquille.

Et si ces motifs ne sont pas assez puissants pour consacrer la légitimité de la propriété, que l'on interroge la conscience humaine, non pas celle du riche, elle serait suspecte, celle de l'enfant; qu'on lui arrache le jouet qu'on lui avait donné et qu'il s'apprêtait à détruire, il témoignera par son chagrin et ses pleurs de la peine qu'il éprouve. Le brigand n'est-il pas l'homme le plus ennemi de la propriété, et cependant malheur à qui lui ravit sa part de butin.

Si nous passons maintenant de la propriété particulière à ce qui est la propriété générale, celle de tout un pays, c'est alors que nous entendrons la voix de la conscience s'élever plus puissante que jamais. Que l'on vienne nous dire : Français, vous êtes trop favorisés, votre climat est tempéré, votre sol est fertile, il produit en abondance tout ce qui est nécessaire à la vie; depuis trop longtemps vous jouissez de ces avantages, c'est à notre tour à habiter votre beau pays; allez vous réfugier sous la zone glaciale ou sous la zone Torride; il n'est pas un français, pas un adversaire même de la propriété qui ne frémisse d'indignation et qui ne soit prêt à résister jusqu'à la mort à l'audacieux qui oserait tenir un pareil langage, fût-il le peuple le plus puissant de la terre.

Si l'instinct de la propriété est aussi profondément enraciné dans le cœur de l'homme, on comprend que lui

porter atteinte c'est entrer en lutte avec la conscience
humaine, c'est la réduire au désespoir; vouloir abolir
la propriété, c'est désirer le renversement de toutes les
idées reçues, c'est abjurer tous les principes d'ordre et
de civilisation.

C'est là un fait incontestable, et les novateurs n'ont
pas reculé devant cette conséquence de leurs principes;
ils ont proposé des systèmes plus ou moins bizarres
dans le but, disaient-ils, de régénérer la société en la
mettant dans la bonne voie, des systèmes qui n'auraient
amené que désordre et anarchie si le bon sens populaire
n'en avait fait justice.

Mais à part ces théories nouvelles dont on ne trouve
de traces que dans nos temps modernes, il s'est trouvé
chez toutes les nations des gens lâches et paresseux qui
préféraient vivre dans l'oisiveté et violer le plus sacré
des droits de l'homme, en s'emparant des biens de leur
voisin, plutôt que d'en acquérir eux-mêmes par leur propre travail, des gens qui ne reculaient devant aucun
crime pour arriver au but vers lequel les poussait leur
funeste penchant.

Ces hommes, la terreur de leurs semblables, ont été
de tous temps l'objet d'une surveillance active de la part
des législateurs des divers États, et l'on a prononcé contre eux des peines sévères et proportionnées au trouble
qu'ils pouvaient jeter dans la Société. Ces peines ont va-
rié suivant les différentes époques, elles ont été pour
les sociétés une sauvegarde contre les penchants désor-
donnés de quelques-uns de leurs membres; elles ont été
une juste punition, une expiation profitable contre ceux
qui s'étaient laissé entraîner par la passion du vol, en
même temps qu'une réparation pour ceux qui en avaient
été victimes.

Quelles sont ces peines? dans quels cas sont-elles applicables? comment le législateur est-il parvenu au double but qui lui était imposé, punir et réparer le mal qui
avait été fait? Ce sont là autant de questions intéressan-

tés à étudier. Nous allons essayer de les résoudre à propos d'un attentat à la propriété, malheureusement trop fréquent, et que nos lois, comme la législation romaine, ont prévu et réprimé d'une manière toute spéciale. Nous voulons parler du Vol.

PREMIÈRE PARTIE.

Du vol en Droit romain.

SOMMAIRE.

1. GÉNÉRALITÉS. — Des délits en Droit romain.

CHAPITRE Iᵉʳ. *Des caractères constitutifs du vol et de ses diverses espèces.*

§ Iᵉʳ. — CARACTÈRES CONSTITUTIFS DU VOL.

2. Définition du vol.

3. Il n'y a pas de vol sans intention frauduleuse. — *Quid* si le voleur est impubère, ou s'il se trompe sur la personne qu'il vole ou sur la chose qu'il dérobe?

4. Le voleur doit être poussé *animo lucri faciendi.* — *Quid* de celui qui agit sous l'empire d'un besoin urgent ou dans le but unique de nuire à autrui?

5. Que faut-il entendre par *contrectatio.* — Peut-on voler un immeuble? *Quid* de l'usage ou de la possession d'une chose?

6. Peut-on voler sa propre chose?

7. De la tentative en Droit romain.

8. Peut-on voler une chose qui n'est possédée par personne? *Quid des res nullius?* Des biens d'une succession? *Quid* des hommes libres?

9. Y a-t-il *contrectatio*, le vol existe-t-il lorsque le propriétaire consent à l'enlèvement? *Quid* si ce consentement est le résultat de la violence ou de la fraude? *Quid* si le vol coïncide avec le fait de corruption d'esclave?

10. Le vol est défendu par la loi naturelle.

§ 2. — DES DIFFÉRENTES SORTES DE VOL.

11. Combien on en distingue.

12. Qu'entend-on par vol *manifeste* et *non manifeste?*

13. De la peine du vol manifeste. Qu'était-ce que *l'ad-dictio?*

14. De la peine du vol non manifeste. Sur quoi se base la différence qui existe entre les deux peines?

15. De l'action *furti concepti.*

16. De l'action *furti oblati.*

17. Des actions *furti prohibiti* et *furti non exhibiti.*

CHAPITRE II. *Des actions dérivant du vol.*

18. Quelles sont ces actions? — Distinction entre les actions *pénales* et *rei persecutoriæ.*

§ 1er. — DE L'ACTION *furti.*

19. Quel est le but de l'action *furti?* Elle est indépendante de la *condictio* et de la *rei vindicatio.*

20. Le même vol peut-il quelquefois donner lieu à l'application de la peine du double et du quadruple?

21. Qui peut exercer l'action *furti? Quid* dans le cas d'une chose vendue qui n'a pas encore été livrée? *Quid* du créancier gagiste si le débiteur est solvable?

22. Le créancier qui conserve une partie du gage suffisante pour garantir sa créance peut-il exercer l'action *furti* pour ce qu'il a perdu?

23. *Quid* dans le cas d'une lettre interceptée?

24. L'action *furti* ne peut-elle en certains cas appartenir à plusieurs personnes?

25. L'action *furti* peut-elle être exercée par celui qui répond d'une chose sans être personnellement intéressé à sa conservation ? *Quid* du commodataire, du dépositaire ?

26. L'intérêt de celui qui agit doit avoir une cause honnête. Conséquences. Exception.

27. Le demandeur ne peut agir qu'autant qu'il possède la chose pour lui-même et qu'il la tient du véritable propriétaire.

28. Exception à la règle que quiconque y a intérêt peut exercer l'action *furti*.

29. Sur quoi doit se baser l'estimation du juge ?

30. *Quid* si depuis le vol la chose volée a subi des améliorations ou des détériorations ?

31. Contre qui l'action *furti* peut-elle être intentée ? *Quid* de l'héritier, du complice ?

32. Comment s'éteint l'action *furti* ? *Quid* de la transaction ?

§ 2. — DE LA *condictio furtiva*.

33. Quel est le but de la *condictio furtiva* ?

34. En quoi elle diffère de l'action *furti* ?

35. Qui peut l'exercer ? *Quid* de celui auquel une chose a été léguée *sub conditione* ? Exception en faveur du créancier gagiste.

36. Contre qui peut-elle être intentée ? *Quid* de l'héritier, du fils de famille, de l'esclave ?

37. Quand s'éteint-elle ? *Quid* si la chose périt entre les mains du voleur ? *Quid* de la transaction ?

§ 3. — DE LA *rei vindicatio* ET DE L'ACTION *ad exhibendum*.

38. Qu'est-ce que la *rei vindicatio*? En quoi elle diffère de la *condictio*?

39. En matière de vol la revendication peut toujours être exercée; l'usucapion des *choses furtives* ne peut s'accomplir que lorsque le vice est purgé. *Quid* dans le cas où le débiteur vole le gage de son créancier?

40. But de l'action *ad exhibendum*.

DROIT ROMAIN.

L'histoire d'un peuple est tracée dans sa législation; de même que les lois civiles réfléchissent les mœurs, les goûts, les tendances privées d'une nation, de même son organisation publique, son esprit national se réflètent dans ses lois criminelles, et la sévérité de ces lois peut donner une idée du degré de moralité et de civilisation auquel elle est parvenue. A mesure qu'une société se développe et grandit, les lois qui la régissent perdent de leur rigueur, les peines sont adoucies et mises en rapport avec le changement survenu dans les mœurs de ceux qui la composent; nous en aurons un exemple dans la législation que nous allons étudier.

Chez les Romains, chez un peuple issu de la conquête, sinon du brigandage, pour maintenir l'ordre au milieu des conquérants, pour faire respecter la propriété de chacun, il fallait un pouvoir énergique et puissant, des peines sévères et de nature à empêcher toute infraction aux lois; c'est, en effet, ce que l'on peut remarquer; les quelques lois qui nous sont restées de la royauté attestent de la part du législateur une extrême sévérité, quelquefois même de la barbarie.

La loi des XII Tables se ressentit du caractère des peuples chez lesquels, s'il faut en croire les anciens auteurs, on avait été en chercher les principaux éléments, et ce fut surtout à l'égard du voleur qu'elle se montra rigoureuse et impitoyable. Celui qui surprenait un voleur la nuit en flagrant délit pouvait le tuer : *si nox furtum factum sit, si im aliquis occisit, jure cæsus esto* (1); il était également permis de tuer le voleur qui se défendait; et lorsqu'un esclave surpris en flagrant délit de vol était tué, le propriétaire n'avait pas l'action *legis Aquiliæ* contre le meurtrier.

On ne doit pas s'étonner de cette sévérité, lorsqu'on songe à l'importance que l'on attachait à la propriété chez les Romains, et lorsqu'on voit les autres peuples de l'antiquité s'imposer des lois semblables sinon plus rigoureuses encore. Chez les Athéniens, par exemple, les lois de Dracon prononçaient la peine de mort contre le voleur; chez les Hébreux, on trouvait une disposition analogue à celle de la loi des XII Tables : *si effringens fur domum sive suffodiens, fuerit inventus, et accepto vulnere mortuus fuerit, percussor non erit reus sanguinis. Quod si orto sole hoc fecerit, homicidium perpetravit et ipse morietur. Si non habuerit quod pro furto reddat, ipse venum dabitur* (2).

(1) Tabula VIII. 10.
(2) Exode, Ch. 22, § 2 et 3.

Ce texte tiré de l'Exode est remarquable. Il est curieux, en effet, de voir deux peuples vivant à des époques si éloignées, deux peuples de mœurs si différentes, se trouver régis par deux lois tellement semblables que celle de l'un semble n'être que la reproduction de celle de l'autre.

Quoiqu'il en soit, nous allons aborder notre matière et étudier les caractères constitutifs du délit du vol en Droit romain. Quelques mots sur les délits semblent auparavant nécessaires.

1. La distinction des délits en Droit romain ne répond pas exactement à celle que l'on trouve dans nos lois françaises. Chez nous on appelle délit un fait illicite commis méchamment ; le quasi délit, au contraire, est un fait illicite qui n'implique pas de la part de son auteur une intention perverse. En Droit romain il n'en est pas ainsi : il n'y a de délit que le fait de nuire à autrui qualifié délit par la loi, toutes autres manières de causer un dommage à quelqu'un sont réputées quasi délits, de là résultent des conséquences assez remarquables : celui qui, sans intention coupable, dégrade un objet dans les circonstances prévues par la loi Aquilia, celui qui, emporté par un cheval fougueux, heurte et blesse quelqu'un sur la voie publique, celui-là est coupable d'un délit ; au contraire, le juge qui, par malice, manque à ses devoirs et fait perdre à une partie le procès qu'elle devait gagner, ne commet qu'un quasi délit (1). A Rome on distinguait deux sortes de délits, le délit *public* et le

(1) Inst. IV, 5, Pr.

délit privé. Le délit public était celui qui blessait directement les intérêts de la République ; le délit privé ne
portait atteinte qu'aux droits d'un simple particulier.
La différence entre ces deux classes de délits était
grande ; le délit public pouvait être poursuivi par
tout citoyen romain, le délit privé ne pouvait l'être que
par la personne qui avait souffert le dommage ; lorsque
le délit était public, si la répression n'en était pas poursuivie par la victime, le juge ne pouvait prononcer qu'une
peine répressive contre le coupable, la réparation du
dommage causé ne pouvant être demandée que par la
partie lésée ; si, au contraire, le délit était privé, le juge
pouvait prononcer la condamnation à une peine et la
réparation du dommage en faveur du demandeur. Enfin, relativement à la procédure qui devait être suivie
dans les deux cas, il y avait une grande différence : le
délit privé comme le procès civil était porté devant un
juge ordinaire devant lequel avait renvoyé le magistrat, tandis que le délit public donnait lieu à des débats
devant des commissions présidées par le Préteur.

La distinction que fait notre Droit français entre les
délits civils dont parlent les art. 1382 et suivants du
Code Napoléon, et les délits spécialement prévus et punis
par le Code pénal, semble présenter quelque analogie avec
la loi romaine ; cependant, il faut remarquer que chez
nous le délit civil ne donne jamais lieu à l'application
d'une peine ; la réparation du préjudice causé est la
seule chose que puisse demander la partie lésée ; en
second lieu, lorsqu'un délit est prévu par nos lois criminelles, et que comme tel il peut donner lieu à une
condamnation pénale, le ministère public, organe de la
société, a seul le droit de demander l'application de la

foire; mais là s'arrêtent ses pouvoirs; pour ce qui est de la réparation du dommage, c'est à la partie lésée à la demander; et, de son côté, elle ne peut en aucun cas réclamer la prononciation d'une peine. Peu importe, du reste, que les deux actions soient portées devant les mêmes juges ou devant deux tribunaux différents.

Dans notre Droit français, pour qu'un crime ou délit entraîne l'application d'une peine, il faut la réunion de plusieurs circonstances : il faut qu'il ait pour but de causer un dommage, de le causer contrairement au droit; il faut qu'il soit commis sciemment et volontairement, avec une intention frauduleuse; il faut, enfin, qu'il soit prévu par le législateur. Le délit civil, doit aussi réunir toutes ces conditions sauf, cependant, la dernière; il n'est pas nécessaire que la loi l'ait spécialement prévu; dès qu'il y a fait dommageable et intention frauduleuse, la partie lésée est en droit d'en demander réparation. Si l'intention frauduleuse ne s'y rencontrait pas, il y aurait simplement contravention, si le fait avait été prévu; quasi délit, dans le cas contraire.

En Droit romain, les délits publics et les crimes ont les caractères que nous venons d'énumérer; ils doivent, 1° causer un dommage; 2° le causer contrairement au droit; 3° être commis sciemment et avec intention frauduleuse; 4° être spécialement prévus. Les délits privés, au contraire, qui répondent, comme nous l'avons vu, jusqu'à un certain point à nos délits civils, doivent-ils comme eux réunir seulement les trois premières conditions ou bien doivent-ils aussi être l'objet d'une disposition spéciale du législateur? C'est sur quoi les interprètes ne sont pas d'accord; nous croyons toutefois que le deuxième sentiment est plus conforme aux principes que nous venons de rappeler.

Quoiqu'il en soit, bien que les Instituts de Justinien ne fassent connaître que quatre sortes de délits privés, *furtum, rapina, damnum injuria factum, injuria*; il en est quelques autres, qui se trouvent qualifiées par le Droit romain et qui donnent lieu à des actions spéciales dont parlent les textes. Telles sont : l'action *de tigno juncto* (1) accordée au propriétaire d'une maison ou d'une vigne, pour empêcher qu'on n'en détache des matériaux volés qu'on y aurait employés; l'action *arborum furtim cæsarum* (2) accordée au propriétaire d'arbres coupés furtivement; l'action *servi corrupti* (3) accordée au maître d'un esclave qu'on a voulu détourner de son devoir; l'action *de damno in turba dato* (4); l'action *quod metus causa* (5).

Dans tous les cas où ces actions peuvent être intentées, il y a délit privé, mais aussi délit criminel donnant lieu comme tel à l'application d'une peine pécuniaire s'élevant, tantôt au double, tantôt au quadruple ou simplement à la valeur de l'objet qui a été volé ou détérioré, du dommage qui a été occasionné.

(1) Dig. 47, 3.
(2) Dig. 47, 7.
(3) Dig. 11, 3.
(4) Dig. 47, 8.
(5) Dig. 47, 9.

CHAPITRE PREMIER.

DES CARACTÈRES CONSTITUTIFS DU VOL ET DE SES DIVERSES ESPÈCES.

§ 1er. — Caractères constitutifs du vol.

2. Nous l'avons dit : au nombre des délits privés la loi romaine place le vol, *furtum*. Le jurisconsulte Labéon (L. 1 pr. D. *de furtis*, XLVII, 2) et l'empereur Justinien (§ 2 Instit. *de obl. q. ex delict.* IV, 1), nous donnent l'étymologie de cette expression. Le mot *furtum*, disent-ils, vient de *furvo*, qui signifie *noir*, parce que le vol se commet d'ordinaire en secret et dans l'obscurité, le plus souvent la nuit ; ou bien du mot *fraude* (fraude), c'était l'avis de Sabinus ; ou bien de *ferendo, auferendo* (enlever); ou encore du mot grec φωρες (*voleurs*) venant lui-même de φιρω, qui signifie aussi *enlever*.

Le vol est la *soustraction frauduleuse, faite avec l'intention d'en tirer profit, d'une chose ou de l'usage et de la possession de cette chose : furtum est contrectatio rei fraudulosa, lucri faciendi gratia, vel ipsius rei, vel etiam usus ejus possessionisve quod lege naturali prohibitum est admittere* (1). Tels sont aussi à peu près les termes dont se sert le jurisconsulte Paul dans le Livre II de ses Sentences, lorsqu'il dit : *fur est, qui dolo malo rem alienam contrectat* (2). Toutefois, nous remarquerons que cette seconde définition est trop restreinte ; nous verrons, en effet, que pour qu'il y ait vol, il faut chez le voleur l'intention de faire un bénéfice, ce dont elle ne parle pas ; en second

_____

(1) Inst. IV, 1, § 1. Dig. 47, 2, l. 1, § 3.
(2) Paul, Sent. II, 31, 1.

lieu, il n'est pas nécessaire, comme elle semblerait l'indiquer, que l'objet du vol soit *res aliena* d'une manière absolue, puisqu'on peut voler sa propre chose.

Le vol, disons-nous, est *contrectatio fraudulosa*, le déplacement d'une chose, le détournement de la destination qui devait être donnée à cette chose, détournement qui doit être fait dans le but d'en tirer profit (*lucri faciendi gratia*), et accompagné de la part du voleur d'une intention mauvaise (*dolus malus*). Reprenons ces divers caractères et voyons les conséquences qu'en déduisait la loi romaine.

3. Et d'abord *furtum sine dolo malo non committitur*; ce sont les propres expressions du jurisconsulte Gaius (1). Pour qu'il y ait vol il faut qu'il y ait intention frauduleuse, intention de nuire à quelqu'un ; ainsi on ne peut appeler voleur celui qui déplace une chose appartenant à autrui, soit par inadvertance, soit dans la pensée qu'il en est lui-même propriétaire ; on ne peut appeler voleur le commodataire *qui rebus commodatis aliter uteretur quam utendas accepisset, si permissurum crederet* (2); il n'y a pas vol de la part de celui qui prend un esclave avec la permission du maître (3) ; il n'y a pas vol de la part du créancier *qui rem pignoratam aufert* (4); enfin, il n'y a pas vol de la part de celui qui ramasse une chose qu'il croit abandonnée par le propriétaire (5); la loi romaine allait même plus loin ; dans ce dernier cas, elle ne regardait pas comme agissant avec une intention

---

(1) Gaius III, § 197 *in fine*. Inst. IV, 1, § 7.
(2) *Ibid.*
(3) Dig. 47, 2, l. 50, § 2.
(4) Dig. 47, 2, l. 55.
(5) Dig. 47, 2, l. 43, § 6.

2

frauduleuse, celui qui ramassait une chose sachant bien
que le propriétaire ne l'avait pas délaissée, mais dans le
but de la rendre à celui qui prétendait et pouvait prouver qu'il en était propriétaire ; pas plus que celui qui,
ayant ramassé une chose, était prêt à la rendre à qui de
droit, quand même il demanderait une récompense (1).

Du principe que, *furtum sine dolo malo non committitur* (2), naît la question de savoir si l'impubère peut être
voleur. La difficulté vient de ce que l'impubère étant
censé dénué d'intelligence paraît incapable d'avoir une
intention frauduleuse ; toutefois, le § 18 du titre I,
livre IV des Institutes, la résoud, d'après les termes de
Gaïus (3), par une distinction : *et placet*, dit ce texte,
*quia furtum ex affectu consistit, ita demum obligari eo
crimine impuberem, si proximus pubertati sit et ob id intel-
ligat se delinquere*.

Enfin, nous devons remarquer que l'intention frauduleuse existe quand même le voleur ignore quelle est la
personne qu'il vole, si croyant voler Titius il vole Mœvius ;
quand il se trompe sur la quantité de la chose volée ou
sur sa qualité, si croyant enlever un sac de pièces d'or
il enlève du cuivre (4).

4. Outre l'intention frauduleuse (*affectus furandi*), la
loi romaine exige que le voleur soit poussé par le
désir de faire un bénéfice, *lucri faciendi*; peu importe
que le profit tiré soit pour lui-même ou pour un tiers,
car, comme le dit Gaïus : *species lucri, est ex alieno*

(1) Dig. 47, 2, 1. 43, §§ 7, 8, 9.
(2) Gaïus III, § 197.
(3) Gaïus III, 208.
(4) Dig. 47, 2, 1. 43, § 4 ; 1. 21, § 2.

largiri et beneficii debitorem sibi adquirere (1); peu importe, encore qu'il consiste dans la chose elle-même, dans sa possession, ou dans l'exercice de tout autre droit semblable sur elle.

Le principe posé, on en tirait des conséquences remarquables. Si le voleur détruit immédiatement et sans s'en être servi, la chose dont il s'est emparé, il n'est plus coupable de vol. Si quelqu'un, poussé par un besoin urgent, s'empare d'un objet qu'il trouve à sa portée et échappe ainsi à la mort qui le menaçait, il n'est pas non plus voleur, car on ne peut lui appliquer la définition. Le Digeste donne de nombreux exemples de cette règle. Quand une personne n'a eu que l'intention de nuire, on ne peut lui intenter l'action *furti :* ainsi, vous tenez dans la main quelques pièces de monnaie, un tiers vous les fait tomber; s'il n'a eu que l'intention de vous les faire perdre, s'il n'a voulu ni profiter lui-même de votre embarras, ni en faire profiter un complice, vous ne pouvez lui intenter l'action de vol. De même, celui qui altère un testament uniquement dans le but de nuire à quelqu'un n'est pas un voleur (2); il en serait autrement, s'il effaçait un article sur les tablettes, afin de favoriser l'héritier ou un légataire. On peut appeler voleur celui qui charge un esclave de rayer son nom dans un acte de vente, *ut tolleret ex instrumento* (3); on peut appeler voleur encore celui qui vole quelqu'un dans le but de faire des largesses, car, comme le dit la loi 54, § 1 *de furtis*, «*species lucri est ex alieno largiri.* »

Enfin, une dernière conséquence du principe que nous

(1) Dig. 47, 2, l. 54, § 1.
(2) Dig. 47, 2, l. 52, § 13; l. 41, § 1.
(3) Dig. 47, 2, l. 52, § 23

venons de poser est celle-ci : il n'y a vol que pour la quantité dont le voleur a cru s'enrichir ; ainsi, un voleur emporte deux bourses, mais il croit que l'une d'elles lui appartient, il n'y a vol que relativement à l'autre ; une personne s'introduit dans une maison, elle a dessein d'enlever un collier de perles renfermé avec d'autres objets dans une cassette précieuse ; elle brise cette cassette, disperse ou détruit ce qu'elle contient et s'empare du collier, le vol sera consommé, mais l'action *furti* ne pourra être exercée que relativement à la chose enlevée (1).

6. Quelque soit l'intention frauduleuse de l'auteur du délit, quelque soit le profit qu'il ait tiré du fait coupable qui lui est reproché, il n'y a pas de vol s'il n'y a eu *contrectatio*, déplacement, détournement, enlèvement de l'objet du *furtum* : *furtum sine contrectatione fieri non potest ; nec animo furtim non admittitur* (2); *sola cogitatio furti faciendi non facit furem* (3). De là cette conséquence admise par le Digeste, qu'on ne peut voler un immeuble parce qu'on ne peut le déplacer, *verum est quod plerique probant fundi furti agi non posse* (4). Cette opinion, comme on le voit, n'avait pas été unanimement admise (5); Gaïus nous apprend que c'était celle des Proculéiens ; les Sabiniens, au contraire, admettaient le vol de l'immeuble, ils disaient, par exemple, qu'un fermier se rend coupable de vol, lorsqu'il vend le fonds qui lui est affermé. Quoiqu'il en soit, il n'est pas douteux qu'on

(1) Dig. 47, 2, 1, 54, § 1.
(2) Dig. 47, 2, 1, 3, § 18.
(3) Dig. 47, 2, 1, 1.
(4) Dig. 41, 2, 1, 25, Pr.
(5) Gaïus ii, 51.

puisse voler tout ce qui peut se détacher d'un fonds, les fruits, les arbres, les matériaux, etc. (1).

Ce déplacement qu'exige le texte, peut porter aussi bien sur l'usage ou la possession d'une chose, que sur la chose elle-même : *Furtum autem fit non solum quum quis intercipiendi causâ rem alienam amovet, sed generaliter quum quis rem alienam invito domino contrectat* (2). Un commodataire, par exemple, se rend coupable de vol, s'il emploie à un usage autre que celui auquel elle est destinée la chose qui fait l'objet du commodat; un dépositaire, un créancier commettent un vol, lorsqu'ils convertissent à leur usage la chose qui a été déposée ou donnée en gage. Il y a vol encore quand celui auquel on a libéralement accordé l'usage d'une chose pour s'en servir d'une certaine façon, *quasi amicos ad cœnam invitaturus*, comme dit le texte, s'en sert pour un autre usage ou d'une autre manière que celle dont on est convenu avec lui (3).

Mais aussi, par une conséquence réciproque, il n'y a plus vol lorsque le propriétaire de la chose a ratifié l'usage auquel elle a été employée, bien que l'autre partie ait agi avec une intention frauduleuse et dans le but de violer la convention qui avait été faite (4).

6. Une autre conséquence remarquable de la définition romaine, c'est qu'on peut voler sa propre chose; c'est avec intention que le texte ne se sert pas de l'expression *rei alienæ* que nous avons remarquée dans les Sentences de Paul; il cite, en effet, le cas d'un dé-

---

(1) Dig. 47, 2, l. 25, § 2.
(2) Gaius iv, 193.
(3) Inst. iv, 1, § 6. G. 196. Dig. 47, 2, l. 34 et l. 66.
(4) Inst. iv, 1, § 8. Gaius iv, 197.

biteur qui dérobe à son créancier le gage qu'il lui avait donné ; dans ce cas, dit-il, il y a *contrectatio fraudulosa*, et de plus intention de faire un bénéfice, par conséquent *furtum*; par la même raison, le maître d'un esclave commet un vol lorsqu'il cache chez lui *servum suum quem alius bona fide possidebat* (1).

Enfin, un fait intéressant à constater et qui est le résultat de la nécessité de la *contrectatio*, c'est qu'en Droit romain la tentative n'est pas punie. Qu'un voleur s'introduise dans une habitation, que par une impossibilité physique ou autrement, il se trouve empêché d'accomplir son dessein ; il n'y aura pas de vol parce qu'il n'a pu y avoir d'enlèvement, *contrectatio*. Toutefois, le délit punissable, le *vol* existera, si le détournement a eu lieu et que, par un motif quelconque, par repentir, par exemple, le voleur a rendu l'objet à celui auquel il appartenait : *nemo enim tali peccato pœnitentiâ suâ nocens esse desiit* (2).

Quand nous disons que le voleur qui n'arrive pas à son but n'encourt pas la peine du vol, nous ne voulons pas dire d'une manière absolue que la tentative ne fut pas punie à Rome. Les lois romaines n'avaient pas défini la tentative du crime ou délit d'une manière générale ; seulement, dans certains cas particuliers, des peines étaient prononcées contre ceux qui n'avaient pu arriver à la perpétration du fait coupable qu'ils avaient médité. Tantôt le châtiment était le même que celui qu'aurait encouru le malfaiteur si le crime avait été consommé : celui, par exemple, qui avait tenté de tuer un de ses

(1) Gaius iv, 200.
(2) Dig. 47, 2, 1. 65.

semblables était puni de mort , bien qu'il n'ait fait que blesser sa victime (1) ; tantôt l'auteur d'une tentative était puni moins sévèrement que l'auteur du fait consommé : celui qui avait corrompu un enfant, une jeune femme, était puni de mort ; celui qui avait *tenté* ce même crime était relégué dans une île (2) ; d'autres fois on allait jusqu'à punir de simples faits préparatoires, non suivis d'un commencement d'exécution : *is, qui cum telo ambulaverit, hominis necandi causa, sicut is qui hominem occiderit, vel cujus dolo malo factum commissum, legis Corneliæ de Sicariis pœnâ coercetur* (3). En un mot , il n'y avait pas de principe général ; les hypothèses que nous venons de signaler étaient tout à fait spéciales, et l'on ne peut y voir le germe de la théorie qu'ont adoptée en matière de tentative les rédacteurs de notre Code Pénal. Elles doivent faire supposer en outre, qu'en l'absence de dispositions particulières, la tentative de vol n'était pas punie en Droit romain; la loi 21, § 7, au Digeste, *de furtis*, paraît du reste formelle à cet égard : *Qui furti faciendi causa conclave intravit, nondum fur est, quamvis furandi causâ intravit; quid ergo ? quâ actione tenebitur? Utique injuriarum , aut de vi accusabitur , si per vim introivit.*

8. Pour qu'il y ait vol d'après la définition de Justinien, il n'est pas nécessaire, avons-nous dit , qu'il y ait *res aliena*, en ce sens qu'on peut voler sa propre chose. Toutefois il faut remarquer qu'on ne vole pas un objet qui n'a pas de maître ; si, par exemple, des abeilles sauvages viennent s'arrêter sur un arbre de votre fonds ;

(1) L. 1, § 3, *ad leg. Corn. de Sicariis*, Dig.
(2) L. 1, *de extraord. crim.*, Dig.
(3) L. 7, *ad leg. Corn. de Sicariis*, Code.

celui qui les enlèvera ou en recueillera le miel, ne sera pas un voleur, parce que *non fuerint tuae* ; vous ne vous les êtes pas appropriées (1) ; il en est de même d'une chose abandonnée par le propriétaire, quand même celui qui la ramasse croit commettre un vol (2).

On ne vole pas non plus une chose que personne ne possède, *nec enim furtum fit, nisi sit cui fiat* (3), ainsi les biens d'une succession, car une succession ne possède pas, et cela quand même la propriété des biens héréditaires serait acquise à un héritier. Gaius, dans son Commentaire III, cite le cas d'une hérédité échue à un héritier nécessaire et il dit que, tant que cet héritier n'a pas pris possession, celui qui s'emparerait d'un bien de la succession pourrait l'usucaper : *interdum rem alienam occupare et usucapere concessum est, nec creditur furtum fieri, velut res hereditarias quarum haeres nondum nactus possessionem est, si necessarius haeres esset ; nam, necessario haerede extante, placuit, ut pro haerede usucapi possit* (4).

Cette disposition de la loi romaine est une exception aux principes rigoureux du Droit, elle a pour but de hâter l'acceptation de l'héritier institué. Nous devons toutefois faire la restriction qu'y apportait le jurisconsulte Julien : il y aura vol d'une chose héréditaire lorsqu'on l'enlèvera furtivement à celui auquel le défunt l'avait donnée à titre de gage ou de commodat (5).

La règle qu'on ne peut voler une chose qui n'a pas de maître devait naturellement s'appliquer aux hommes

(1) Dig. 47, 2, l. 26.
(2) Dig. 47, 2, l. 43, § 5.
(3) Dig. 47, 2, l. 43, § 5.
(4) Gaius III, § 201, II, § 52.
(5) Dig. 47, 2, l. 68.

libres, c'est ce que porte le texte des Institutes , mais il excepte les enfants, les impubères qui se trouvent soumis à la puissance paternelle ; et encore, même dans ce cas, ajoute-t-il , il ne peut y avoir vol que relativement au père ou à tout autre ascendant paternel ; la mère ne devenant jamais chef de famille , et n'acquérant rien par ses enfants, ne peut intenter l'action *furti* (1).

C'est, du reste, un point sur lequel nous reviendrons.

Au temps de Gaius on pouvait aussi voler une femme tombée *in manu mariti* , un débiteur homme libre qui avait été adjugé à son créancier, un esclave loué comme gladiateur (2).

Enfin , il n'y avait pas vol non plus , et l'usucapion pouvait produire ses effets dans le cas où un débiteur détenant la chose qu'il avait cédée *in jure* ou mancipée sous la clause de *fiducie*, venait à la posséder pendant le temps requis pour ce mode d'acquisition de la propriété (3).

9. Nous avons vu qu'il n'y a pas *contrectatio*, par conséquent le vol n'existe pas, lorsque le prêteur ou le déposant ratifient l'usage qui a été fait de la chose qu'ils ont donnée à titre de dépôt ou de commodat ; faudra-t-il décider de même lorsque, tous les caractères du vol se trouvant réunis, le propriétaire consent à l'enlèvement ? C'est là une question sur laquelle les jurisconsultes romains n'étaient pas tous d'accord : Pomponius disait qu'il y avait vol dans ce cas, mais qu'il n'en résultait ni obligation, ni action , probablement parce qu'il n'y avait

(1) Inst. iv, 1, § 9. Dig. 47, 2, l. 38 et 39.
(2) Gaius iii, § 199.
(3) Gaius iii, § 201.

aucun préjudice (1). Cette opinion était équitable, car il est évident que celui qui dérobe une chose qu'il sait appartenir à autrui, est bien un voleur; le propriétaire de l'objet volé a perdu, il est vrai, son action en consentant à l'enlèvement, mais celui qui l'a pratiqué est moralement aussi coupable que si la volonté du propriétaire n'était pas intervenue. Cependant Ulpien, et Justinien d'après lui, sont d'un avis contraire; ils déclarent positivement qu'il n'y a pas vol dans ce cas (2).

Du reste, pour que le consentement du propriétaire soit une excuse, il faut qu'il soit clairement exprimé; il ne suffirait pas qu'il n'ait rien dit à cet égard, comme lorsque le détenteur d'une chose la livre sans consulter celui auquel elle appartient. Il ne suffirait pas non plus qu'il eut eu connaissance du vol et ne l'eut pas empêché; cette opinion, émise par le jurisconsulte Paul, n'était pas celle de Labéon, elle a été consacrée par le Digeste, l. 91, de furtis; en effet, dans l'hypothèse où nous nous trouvons, la position du propriétaire est, comme toujours, la plus favorable; or, l'on doit supposer qu'il n'a pas osé s'opposer au délit commis contre lui; cette supposition ne doit tomber que devant la preuve évidente du contraire. Du reste, le consentement donné fut-il le résultat de la violence ou même du dol, le vol n'existe plus; celui qui ravit à quelqu'un une chose, après l'avoir forcé à consentir à l'enlèvement, *qui vim intulit*, n'est pas un voleur, il est tenu seulement de l'interdit *quod vi* ou de l'action *quod metus causa*. De même l'esclave qui se prétend libre, le *filius familias* qui se dit maître de ses droits, dégagé de la puissance paternelle, l'individu qui

(1) Dig. 47, 2, l. 46, § 8; l. 115, Dig. *de divers. reg. juris.*
(2) Inst. IV, 1, § 8.

se fait passer pour solvable, lorsqu'il ne l'est pas, afin d'inspirer la confiance et de se faire prêter de l'argent, tous ceux-là ne sont pas voleurs, on ne peut que leur intenter l'action de dol (1).

Dans les exemples que nous venons de citer, le consentement est vicié, mais il existe, et l'action de vol ne peut être intentée. Il n'en est plus de même s'il y a eu substitution de personnes : si, par exemple, quelqu'un s'est mis au lieu et place de celui qu'avait en vue le propriétaire ou le créancier (2) ; si un affranchi se fait payer des créances que son maître l'a chargé de recouvrer lorsqu'il était encore esclave et soumis à sa puissance ; lorsqu'un tuteur reçoit le paiement des créances de son pupille devenu majeur ; lorsqu'un faux mandataire reçoit d'un débiteur de l'argent pour le créancier de ce dernier, sans que le débiteur ait eu l'intention *ut nummi procuratoris fiant* (3).

On ne peut dire non plus qu'il y ait consentement, et par conséquent il y a vol lorsqu'un propriétaire donne sa chose croyant donner celle d'autrui, et que celui qui la reçoit connaît l'erreur (4).

Enfin, la loi 52, § 22, au Digeste, *de furtis*, contient une application du même principe : elle déclare voleur, celui qui a prêté à un acheteur des poids trop forts, *quum emeret ad pondus*, elle déclare même voleur aussi cet acheteur s'il a eu connaissance de la fraude.

Tout en admettant la règle, que dans le cas où le propriétaire consent à l'enlèvement de sa chose, il ne peut

---

(1) Dig. 47, 2, l. 52, § 15; l. 43, § 3.
(2) Dig. l. 18, *de cond. furt.*
(3) Dig. 47, 2, l. 43, § 1; l. 52, § 16. Cod. 6, 2, l. 7, l. 19.
(4) Dig. 47, 2, l. 44, § 1.

y avoir vol, Justinien y apporte une exception, il suppose qu'une personne excite un esclave à voler quelque chose à son maître, et que le maître, averti par cet esclave, consente à l'enlèvement afin de surprendre le voleur *in ipso delicto*, et il ajoute que dans ces circonstances il y aura lieu à la fois à l'action *furti* et à l'action *servi corrupti*, bien qu'en réalité il n'y ait eu ni vol ni esclave corrompu (1). Le motif de cette exception est facile à comprendre : de la part du corrupteur, le délit est le même, que le maître ait été instruit ou qu'il soit resté dans l'ignorance ; la punition devait donc être la même ; mais ici, comme dans tant d'autres cas, la rigueur des principes avait conduit les jurisconsultes à reconnaître une règle peu conforme aux lois de l'équité et de la morale ; les uns refusaient toute action au propriétaire de l'esclave, d'autres ne lui accordaient que l'action *servi corrupti*.

10. La définition romaine se termine par ces mots : *quod lege naturali prohibitum est admittere*; la loi naturelle, dit Justinien, défend le vol, elle veut que l'on respecte la propriété de chacun. C'est qu'en effet la conscience humaine se révolte à l'idée de s'approprier ce qui appartient à autrui ; et, comme le dit Cicéron, *illud natura non patitur, ut aliorum spoliis nostras facultates, copias, opes, augeamus* (2). Et si quelques législateurs ont permis le vol dans certaines circonstances, ce n'est pas que, dans leur opinion, ce fut une chose permise d'une manière absolue, c'était dans le but, soit de donner de l'adresse à la jeunesse, comme à Lacédémone,

_____

(1) Inst. iv, 1, § 8. Code, I. 20, *de furtis*. Dig. 47, 2, 1, § 3.
(2) Cic., lib. 3, Offic., cap. 5.

soit d'habituer les propriétaires à la vigilance, comme chez les Egyptiens.

Tels étaient donc en résumé les caractères constitutifs du vol chez les Romains ; il devait y avoir : 1° détournement (*contrectatio*) ; 2° intention frauduleuse ; 3° espoir de faire un profit. Du reste, il n'était pas nécessaire que la chose appartînt à autrui, on pouvait voler l'usage, la possession ; celui qui s'appropriait une chose perdue commettait un vol. Nous verrons combien diffèrent en Droit français les caractères constitutifs du délit que nous étudions. Passons aux différentes espèces de vol.

§ 2. Des différentes sortes de vol.

11. Les jurisconsultes romains n'étaient pas tous d'accord sur la classification des différents vols ; les uns, Servius Sulpicius, Masurius Sabinus, le jurisconsulte Paul (1), distinguaient le *furtum manifestum, nec manifestum, conceptum, oblatum* ; d'autres, à ces quatre espèces, en ajoutaient deux autres, le *furtum prohibitum, non exhibitum* ; d'autres enfin, Labéon, Gaius, n'en reconnaissaient que deux sortes, le *furtum manifestum, et nec manifestum*, ils prétendaient avec raison que la première division se rattachait moins aux caractères particuliers du délit qu'à des différences établies entre les *actiones furti* ; leur opinion est consacrée par Justinien (2).

Au reste, les Instituts ne parlent de ces diverses actions que pour mémoire, elles étaient tombées en désuétude depuis longtemps ; nous en dirons quelques mots quand nous aurons indiqué les caractères du vol manifeste et la peine qu'il entraînait.

(1) Paul, Sent. II, 31, 2.
(2) Inst. IV, 1, § 3. Gaius III, § 183. Dig. 47, 2, 1. 2.

12. Ici encore nous trouvons les avis partagés. Les uns voulaient qu'il y eut vol manifeste dans le cas seulement où le voleur était surpris en flagrant délit ; d'autres, tout en admettant cette doctrine, disaient qu'il y avait aussi vol manifeste quand le voleur était surpris nanti de l'objet volé, avant qu'il ne soit sorti du lieu du crime : *velut si in oliveto olivarum, in vineto uvarum, furtum factum est, quamdiu in eo oliveto aut vineto fur sit* (1) ; d'autres encore reconnaissaient le vol manifeste dans les deux hypothèses que nous venons de signaler, mais ils prétendaient qu'il existait dans le cas même où le voleur était surpris, dans un endroit quelconque, nanti de l'objet dérobé, s'il n'était déjà parvenu à le déposer dans le lieu où il voulait le remettre ; enfin, une dernière opinion consistait à dire que même dans le cas où le voleur se serait déjà débarrassé de l'objet, si plus tard la victime du vol, ou toute autre personne, le trouvaient nanti de la chose volée, le vol serait manifeste.

De ces quatre différents avis, le troisième avait prévalu au temps de Gaïus (2) ; Justinien le consacre dans le titre qui nous occupe : *Manifestus fur est, quem Græci, ἐπ᾽αὐτοφώρῳ appellant ; nec solum is qui in ipso furto deprehenditur, sed etiam is qui in eo loco deprehenditur quo furtum fit : veluti qui in domo furtum fecit et nondum egressus januam deprehensus fuerit... Imo ulterius furtum manifestum extendendum est, quamdiu eam rem fur tenens visus vel deprehensus fuerit, sive in publico, sive in privato, vel a domino vel ab alio, antequam eo pervenerit quo perferre ac deponere rem destinasset* (3). Quant à celui qui

(1) Gaïus III, § 184.
(2) Gaïus III, 184.
(3) Inst. IV, 1, § 3.

a déposé l'objet et qui plus tard en est trouvé nanti, la peine du vol manifeste ne lui est pas applicable, la fin du § est formelle à cet égard.

Ce que nous venons de dire du vol manifeste, fait assez connaître ce qu'était le *furtum nec manifestum* ; nous n'insisterons pas sur ce point (1). Voyons la peine qui était attachée à ces différents délits.

13. Nous l'avons dit en commençant, la loi romaine s'est montrée sévère à l'égard du voleur, elle permettait de le tuer lorsqu'il était surpris en flagrant délit la nuit, ou s'il essayait de se défendre (2). Mais c'est surtout relativement à la peine que cette sévérité est remarquable, et, il faut bien le dire, excessive. D'après la loi des XII Tables le voleur manifeste, s'il était esclave, devait être battu de verges et précipité de la roche Tarpéienne; l'impubère était simplement battu de verges ; enfin, le citoyen romain pubère, après avoir subi la flagellation, était livré comme *addictus* à celui qui avait été victime du vol. Quelles étaient les conséquences de cette *addictio*, étaient-elles les mêmes que celle de l'*addictio* du débiteur à son créancier ? c'est là un point intéressant à éclaircir et sur lequel le manque de documents a forcé les commentateurs à se livrer à des conjectures. La position du débiteur *adjudicatus* à son créancier n'était pas tout à fait celle de l'esclave ; il était traité de même, mais jusqu'à ce qu'il soit vendu *trans Tiberim*, il conservait ses droits d'ingénu et de citoyen, il acquérait pour lui, il n'était ni *in potestate* ni *in mancipio*, c'était une espèce de gage judiciaire (3). Au bout des soixante jours qui

(1) Dig. 47, 2, l. 8.
(2) Paul, Sent. v, 23, § 9. Ulp., *Coll. leg. mosaïc. et rom.*, tit. 12.
(3) Mémoire de M. Ch. Giraud sur les *Nexi*.

lui étaient accordés pour transiger avec son créancier ; s'il n'avait pu s'arranger avec lui, il était vendu comme esclave, et la loi des XII Tables allait jusqu'à permettre aux créanciers, s'ils étaient plusieurs, de le mettre à mort pour se partager les lambeaux de son cadavre. Cette peine parut tellement atroce à quelques historiens, tellement étrangère aux idées de civilisation, qu'ils cherchèrent à détourner de leur sens les termes de la loi romaine.

Quoiqu'il en soit, la peine de la loi des XII Tables ne subsista pas, et lorsque la loi Porcia vint abolir l'usage de battre de verges un citoyen romain et de le réduire en esclavage, le voleur manifeste n'encourait plus que la peine du quadruple, sans distinction entre l'homme libre et l'esclave (1).

11. Quant à la peine du vol non manifeste, elle avait été fixée au double par la loi des XII Tables, le Préteur la conserva (2).

Nous verrons plus bas en quoi ces peines consistaient.

Il existait, comme on le voit, entre la peine qu'encourait le voleur manifeste et celle du voleur non manifeste une différence profonde, différence qui tenait moins à la gravité du délit qu'aux circonstances dans lesquelles il avait été découvert; la punition était disproportionnée dans ces deux cas. Cette différence paraît difficile à justifier ; en effet, que le voleur soit surpris avant ou après avoir porté l'objet volé où il a dessein de le mettre, ce n'est certes pas une circonstance qui puisse influer sur la gravité du délit. L'auteur de l'*Esprit des Lois* cherche

(1) Gaius III, § 189.
(2) Id. 3, § 190.

à expliquer cette anomalie; il remonte pour cela à l'origine de la Législation romaine, la loi des XII Tables, dit-il, dérivait des institutions lacédémoniennes: Lycurgue, dans le but de donner à ses concitoyens de l'adresse, de la ruse et de l'activité, voulut qu'on exerçât les enfants au larcin, et qu'on fouettât rudement ceux qui s'y laissaient surprendre; c'est ce qui établit chez les Grecs d'abord, chez les Romains ensuite, cette différence entre le *furtum manifestum* et le *furtum nec manifestum* (1). Cette explication est ingénieuse; mais le doute qui, dans ces derniers temps, s'est élevé au sujet de cette prétendue origine des lois romaines, la rend fort problématique; ne peut-on pas en puiser une plus vraisemblable dans cette tendance, que justifie assez l'imperfection des moyens qu'a la justice humaine d'arriver à la découverte de la vérité, dans cette tendance, disons-nous, à faire de l'incertitude, une circonstance atténuante, en diminuant, comme cela arrive souvent, la punition d'un crime lorsque l'on n'a pas contre son auteur des preuves évidentes.

Le texte de la loi 7 *de furtis*, au Digeste, fait quelques précisions relativement au voleur manifeste: pour que le vol soit manifeste, dit-il, il ne suffit pas que la personne qui en a été victime ait vu fuir le voleur, si elle s'est cachée dans la crainte d'être tuée par lui. Il importe peu, du reste, que le coupable poursuivi se soit débarrassé de l'objet du vol en fuyant, et qu'il soit arrêté par le propriétaire de l'objet volé ou par tout autre.

Les deux espèces de vols que nous venons de signaler n'avaient pas toujours été les seules reconnues; les

(1) Montesquieu, *Esprit des Lois*, l. xxix, ch. 13.

3

jurisconsultes romains en avaient distingué quelques autres, ainsi que nous l'avons dit; nous allons examiner sur quoi se fondaient leurs distinctions.

15. L'action *furti concepti* s'exerçait contre le receleur de l'objet volé; on établissait une différence entre le *furtum conceptum* simplement et le *furtum lance licio-que conceptum*. La loi des XII Tables avait consacré pour rechercher un objet volé chez celui qui le recelait un mode solennel : celui qui voulait faire la perquisition devait être nu, entouré d'une ceinture, tenant dans ses mains un plat, et lorsque l'objet volé était découvert après toutes ces formalités, le voleur encourait la peine du vol manifeste : *hoc solum præcepit (lex) ut qui quærere velit, nudus quærat, linteo cinctus, lancem habens, qui si quid invenerit jubet id lex furtum manifestum esse (1).*

Gaius, dans son Commentaire, cherche à expliquer ces usages qui n'existaient déjà plus de son temps, la loi Æbutia les avait abrogés : *quid sit autem linteum, quæsitum est,* dit-il; *sed verius est, consuli genus esse quo necessariæ partes tegerentur (2).* Quant au plat dont parle le texte, c'était, ajoute-t-il, pour empêcher celui qui faisait la perquisition d'avoir autre chose dans les mains, ou bien afin qu'il pût y déposer l'objet retrouvé; du reste, il trouve cet usage fort ridicule, *quare lex tota ridicula est (3).* Les autres jurisconsultes étaient loin d'être d'accord aussi sur l'explication à donner à ces diverses coutumes; la même incertitude règne dans l'esprit des commentateurs(4); au demeurant, il est probable qu'on—

---

(1) Gaius III, § 192. Aulu Gell., Noct. Att. XI, 18.
(2) Ibid.
(3) Gaius III, § 193.
(4) Hennecius IV, 1, 13 et suiv.

tre les motifs naturels qui peuvent légitimer ce mode de perquisition, il y en avait aussi de religieux.

Lorsque la recherche de la chose volée, faite du consentement du propriétaire et sans recourir aux formes solennelles dont nous venons de parler, amenait la découverte de l'objet volé, il y avait simplement *furtum conceptum*, et la loi des XII Tables appliquait alors la peine du triple. Lorsque l'action *furti lance licioque concepti* fut tombée en désuétude, l'action *furti concepti* fut seule en vigueur et l'on formula la définition suivante : *conceptum furtum dicitur, cum apud quem, testibus præsentibus, furtiva res quæsita et inventa est* (1).

Remarquons en passant qu'il n'y a pas là une nouvelle espèce de vol, bien que l'on se serve de l'expression *furtum conceptum*; le receleur n'est pas un voleur, seulement on donne contre lui l'action *concepti furti*.

16. L'action *furti oblati* était accordée à celui chez qui l'objet volé avait été découvert, contre celui qui l'y avait déposé, pourvu que ce dernier fut instruit de l'origine de cet objet : *oblatum furtum dicitur, quum res furtiva tibi ab aliquo oblata sit, eaque apud te concepta sit, utique si ea mente data fuerit, ut apud te potius, quam apud eum qui dederit conciperetur* (2). L'action est dite *furti oblati* parce qu'elle est donnée contre celui qui a offert la chose, bien qu'il ne soit pas le voleur. Dans ce cas, comme dans le précédent, la loi des XII Tables avait fixé la peine, elle était du double; le Préteur la maintint (3).

17. Le § 197 du Commentaire III de Gaius, parle de l'action *furti prohibiti*; elle était donnée contre celui qui

(1) Inst. IV, 1, § 4.
(2) Gaius III, § 187.
(3) Gaius III, § 191.

— 36 —

s'opposait à la recherche d'un vol, *adversus eum qui furtum quærere volentem prohibuerit*; elle avait été portée par le Préteur au quadruple (1).

Enfin, le texte des Instituts mentionne une dernière action, l'*actio furti non exhibiti*, tendant à faire punir celui qui refusait d'exhiber la chose volée malgré l'ordre qu'il avait reçu. Justinien n'indique pas la peine qui était attachée à cette action et Gaïus ne la cite même pas, en sorte que ce point reste fort obscur et bien difficile à élucider; cependant, Henneclus croit pouvoir assurer que dans ce cas la peine était du double (2).

Au reste, toutes ces actions, en vigueur au temps de Gaïus et de Paul, avaient entièrement disparu au temps de Justinien, et elles étaient remplacées, pour les recéleurs, par une action spéciale donnant lieu à l'application de la peine du vol non manifeste : *cum manifestissimum est, quod omnes qui scientes rem furtivam susceperint et celaverint, furti nec manifesti obnoxii sunt* (3).

CHAPITRE II.

DES ACTIONS DÉRIVANT DU VOL.

18. En Droit romain, lorsque l'on considère les actions sous le rapport de leur but ou de leur cause finale, on remarque bientôt qu'il existe entr'elles une différence saillante; les unes, en effet, tendent à faire obtenir contre le défendeur une condamnation à titre de peine, les autres n'ont pour but que de le forcer à la restitution de

(1) Gaïus III, § 192. Inst. IV, 1, § 4.
(2) Henneclus XXIV, 40, liv. 4.
(3) Inst. IV, 1, § 4.

l'objet qu'il détient injustement; d'autres enfin tendent à la fois à le faire condamner, non seulement à cette restitution, mais encore au paiement d'une somme souvent supérieure au dommage causé : *Agimus autem interdum ut rem tantum consequamur, interdum ut pœnam tantum, alias ut rem et pœnam* (1). Les unes sont *pénales*, les autres *persécutoires de la chose*, les autres enfin réunissant ces deux caractères sont *mixtes*. Ces distinctions sont importantes à signaler; les différences sur lesquelles elles se fondent amènent des conséquences remarquables. En effet, le but de ces diverses actions n'étant jamais le même, il en résulte qu'elles peuvent être intentées concurremment et que l'exercice de l'une n'entrave nullement celui de l'autre; le propriétaire injustement dépouillé qui a obtenu la restitution de la chose qui lui avait été enlevée, peut encore exiger contre le coupable la condamnation à une peine. D'un autre côté, comme l'on ne peut imputer une action coupable qu'à celui qui en est réellement l'auteur, comme c'est de lui seul qu'on peut exiger réparation, l'action pénale ne peut être intentée que contre l'auteur du fait, l'action *rei persecutoria*, au contraire, peut l'être contre tout détenteur de la chose. Ces principes posés, nous aurons occasion d'en faire l'application. Voyons d'abord à combien d'actions le vol donne naissance.

Le vol est un délit privé, mais en même temps un délit criminel, donnant lieu, comme tel, à l'application d'une peine; cette peine ne peut être réclamée que par la partie lésée; nous verrons comment et dans quelles circonstances elle peut l'être; c'est le but de l'*action furti*.

(1) Gaius, IV, § 6 et suiv.

Comme délit, le vol est une source d'obligations, Justinien le déclare positivement; et, en effet, rien n'est plus naturel que de forcer le voleur à rendre au propriétaire l'objet dont il s'est injustement emparé; rien n'est plus naturel que de donner contre lui une action spéciale pour arriver à ce résultat. Tel est le but de la *condictio furtiva*.

Mais le voleur est intéressé à se débarrasser promptement de l'objet qu'il a dérobé, et qui, entre ses mains, est une preuve évidente du délit qu'il a commis; il est intéressé à en tirer parti le plus promptement possible; il peut donc se faire que la chose réclamée par le propriétaire soit passée entre les mains d'un tiers; dans ce cas, il n'est pas juste que la victime du vol soit privée d'un recours contre le détenteur de la chose qui lui appartient; il n'est pas juste que ce détenteur s'enrichisse aux dépens d'autrui; le propriétaire volé conserve, il est vrai, la *condictio*, comme nous le verrons, contre le voleur, mais cela ne suffit pas, car le voleur ne peut se faire restituer la chose qu'il a aliénée. C'est pour remédier à cet inconvénient que le Droit romain a donné au propriétaire la *rei vindicatio*, action qu'il peut exercer contre tout détenteur de sa propriété.

Enfin, et comme préliminaire de cette revendication, il est juste qu'il puisse exiger la représentation de l'objet volé afin de s'assurer, soit de son identité, soit de l'état dans lequel il se trouve au moment de l'action; c'est le but de l'action *ad exhibendum*.

A part ces diverses actions qui naissent du vol, le propriétaire volé peut, dans certains cas, en exercer d'autres dérivant pour lui du fait incriminé et qui a donné naissance au vol; en outre, il faut reconnaître que

l'exercice de l'une des actions que nous avons mention-
nées, n'empêche nullement celui des autres; la loi 1 au
Code, *de furtis*, indique cependant une exception à cette
règle; c'est le cas où, sur le mandat donné par vos esclaves, une personne a acheté des *prædia* avec votre argent;
dans ce cas, il ne vous est pas permis de cumuler les trois
actions que nous venons d'énumérer, vous devez opter :
*eligere debes, utrum furti actionem et condictionem, an
mandati potius inferre debeas; neque enim æquitas patitur,
ut et criminis causam porsequaris, et bonæ fidei contractum
impleri postules* (1).

Ainsi donc les actions auxquelles le vol donne lieu, en
Droit romain sont, l'*actio furti*, la *condictio*, la *rei vindicatio* et l'*actio ad exhibendum*. Nous allons les étudier
séparément et nous commencerons par l'*action furti* (2).

§ 1er. De l'action *furti*.

10. La loi des XII Tables avait sévèrement puni le
voleur, nous l'avons dit; c'était surtout à l'égard du vol
manifeste que les châtiments prononcés par elle étaient
barbares. L'adoucissement des mœurs et les progrès de
la civilisation firent apporter des modifications à cette
pénalité, et les Préteurs, toujours prêts à concilier la
rigueur de la loi avec les principes de la justice et de
l'humanité, abolirent la peine de mort et la remplacè-
rent par celle du quadruple. Comment arrivèrent-ils à
ce changement radical? qui put les porter à changer en
une peine pécuniaire au profit de la partie lésée, un
châtiment purement corporel? c'est là un point assez

(1) Code 6, 2, l. 1.
(2) Dig. 13, 1, l. 7, § 1.

difficile à éclaircir ; cependant, si en l'absence de documents précis il est permis de faire une conjecture, on peut voir le germe de cette innovation dans la loi des XII Tables, dans ce texte qui ordonne que la cause soit portée devant le juge *lorsque les parties n'ont pu s'arranger* : *orto paicunt in comitio aut in foro ante meridiem, causam conjicito* (1), et dans cet autre : *si membrum rupit ni cum eo pacit, talio esto* (2).

Quant au voleur non manifeste, la peine était du quadruple ; la différence entre les deux peines était basée sur un motif assez insignifiant. Quoiqu'il en soit, lorsque le délit du vol avait été accompagné de certains faits particuliers, on pouvait leur adjoindre des châtiments corporels. Ainsi, on punissait de mort les voleurs qui étant armés avaient attaqué les passants (3), quoiqu'ils n'eussent pas fait usage de leurs armes ; on infligeait la peine des mines à ceux qui attaquaient les passants sans armes (4) ; enfin, on prononçait celle de la déportation, du bannissement ou de la confiscation du tiers des biens contre le voleur qui avait commis quelque vol de fait (5). Dans tous les cas, la condamnation pour vol emportait l'infamie, la loi 63 *de furtis*, au Digeste, est formelle à cet égard.

L'*actio furti* était complétement indépendante de la *condictio* et de la *rei vindicatio* ; ainsi, par exemple, Ulpien cite le fait d'un voleur qui, sur la discussion qu'il avait avec le volé devant le juge, sur le poids d'un vase

(1) Ex lege XII Tab. I.
(2) *Id.* Tab. VIII.
(3) Dig. l. 28, § 10, *de pœnis*.
(4) Dig. l. 38, § 2, *ad leg. Jul. de vi publica.*
(5) Dig. l. 10, § 2, *loc. cit.*

qu'il avait dérobé, le présenta spontanément; le demandeur le reprit et le voleur n'en fut pas moins condamné
à la peine du double (1).

20; Nous avons vu dans quels cas la peine du double
et celle du quadruple doivent être prononcées; les circonstances qui déterminent l'application de l'une ou
l'autre de ces peines sont faciles à apprécier. Remarquons cependant que le même vol peut donner lieu à
l'application de ces deux peines; il peut se faire, par
exemple, que deux voleurs aient dérobé la même chose,
que l'un ait aidé l'autre à commettre le crime; dans ce
cas, celui-là seulement sera manifeste qui aura été surpris avec la chose volée: *itaque accedit ut quidem qui opem
tulit, furti nec manifesti; is autem qui deprehensus est, ob
eumdem rem manifesti teneatur* (2); l'un encourra la peine
du double, l'autre celle du quadruple. Il peut arriver également que le voleur charge un tiers de remettre la chose
en un certain lieu et que ce tiers, sachant l'origine de
l'objet qui lui a été remis, soit surpris dans de telles circonstances que le vol soit manifeste à son égard, tandis
qu'il sera non manifeste vis à vis de l'auteur de l'enlèvement. Nous disons que le tiers doit connaître l'origine
de l'objet, car, sans cela, il n'y aurait pas de sa part intention frauduleuse, et, par conséquent, pas vol; on ne
pourrait lui appliquer aucune peine (3).

Quelquefois une même personne peut avoir à répondre aux deux actions; telle est la position du maître de

(1) Dig. 47, 2, l. 48.
(2) Dig. 47, 2, l. 31.
(3) Dig. 47, 2, l. 35, Pr.

deux esclaves qui ont commis deux vols, l'un manifeste, l'autre non manifeste (1).

21. En principe, l'action *furti* peut être exercée par toute personne intéressée à ce que la chose volée ne l'eût pas été : *cujus interfuit non subripi, is actionem furti habet;* tels sont les termes dont se sert le jurisconsulte Ulpien (2).

Il faut néanmoins que celui qui exerce l'action soit poussé par un motif honnête, *si honesta causa interest* (3). Ainsi le possesseur de mauvaise foi ne pourrait pas intenter l'action de vol quoique cependant il soit intéressé à conserver la chose.

Ce principe posé, les jurisconsultes romains en tiraient des conséquences.

Et d'abord personne plus que le propriétaire n'a intérêt à garder ce qui lui appartient; cela est incontestable. Mais qu'arrivera-t-il si une chose vendue et non livrée est volée avant la tradition sans la faute du vendeur; pourra-t-il encore exercer l'action *furti* contre le voleur? Oui, car il y a intérêt, *quia dominium apud illum fuit; vel quoniam ad præstandas actiones tenetur* (4). Cet intérêt existe tant qu'il n'a pas opéré la tradition de la chose; jusque-là, il garde l'action *furti* bien que l'acheteur soit tenu des risques, *dummodo custodiam venditor ante traditionem præstet.*

Faut-il accorder cette action au vendeur, dans le cas où ce serait l'acheteur même qui aurait volé la chose vendue? Ici le jurisconsulte Julien fait une distinction : si

(1) Dig. 47, 2, l. 35, § 1.
(2) Dig. 47, 2, l. 40.
(3) Dig. 47, 2, l. 44.
(4) Dig. 47, 2, l. 80, Pr.

l'acheteur a payé le prix, il n'est pas tenu de l'action de vol; le vendeur ne peut l'exercer; si au contraire il ne l'a pas payé, il doit être assimilé à celui qui vole le gage qu'il avait donné à son créancier; le vendeur peut le poursuivre par l'action *furti*.

Dans ces différents cas où l'acheteur n'a pas l'action *furti*, on peut cependant lui donner une action utile; c'est en ce sens qu'on doit entendre le § 17, t. 31, l. II des Sentences de Paul : *si res vendita ante traditionem subrepta sit, emptor et venditor furti agere possunt; utriusque enim interest rem tradi vel tradere;* car en principe l'acheteur ne peut exercer l'action qu'autant qu'en lui livrant la chose, le vendeur lui a cédé en même temps les actions qu'il pouvait exercer relativement à elle.

L'héritier peut exercer l'action *furti* lorsqu'un esclave à choisir, légué à un tiers, a été volé; en effet, jusqu'à ce que le légataire ait pu faire son choix, il est obligé de garder tous les esclaves héréditaires afin de pouvoir les lui présenter, il a donc intérêt à les conserver (1). Il en serait de même si l'esclave avait été légué sous condition.

Nous savons qu'il y a vol lorsque le débiteur dérobe le gage qu'il avait donné au créancier en garantie de sa créance : le créancier a dans ce cas grand intérêt à recouvrer son gage, il peut donc exercer l'action *furti*. On peut objecter à la vérité que si le débiteur est solvable, l'intérêt du créancier diminue de beaucoup; cependant, même dans ce cas, le Droit romain lui accorde l'action; il peut arriver, en effet, que le débiteur devienne insol-

_____

(1) Dig. 47, 2, l. 80, § 1.

yable, et, d'ailleurs, *plus cautionis in re est quàm in persona* (1).

La règle que nous venons de tracer s'applique même lorsque le gage est dérobé par un tiers; seulement, dans ce cas, le propriétaire de la chose donnée en garantie peut également exercer l'action, car, lui aussi, a intérêt à conserver sa propriété et à la recouvrer lorsque sa libération l'aura dégagée.

22. Une question plus délicate est celle de savoir si le créancier gagiste pourra exercer l'action, lorsqu'ayant reçu un gage supérieur à sa créance, il s'en voit dérober une partie et conserve cependant encore une valeur suffisante pour garantir sa créance. Le Droit romain la résout affirmativement, et c'est avec raison; en effet, le droit de gage est un droit acquis au créancier; s'il a exigé ou si le débiteur lui a bénévolement livré un objet d'une valeur supérieure à sa créance, c'est probablement parce qu'il y avait motif de le faire, soit que l'on craignît que la chose ainsi donnée ne vînt à périr en partie, soit que l'on voulût, par la privation de cet objet, forcer le débiteur à se libérer promptement. Le créancier a donc intérêt à se faire restituer la portion de son gage qui a été volée; il a donc l'action *furti*. Si, par exemple, deux esclaves lui ont été donnés et qu'on lui en dérobe un, il aura l'action *furti* pour se faire restituer le double ou le quadruple de sa valeur. Mais il n'en sera plus de même si tous deux lui sont volés : son action se divisera alors et se restreindra à la part dont chacun d'eux répond dans la dette; si, par exemple, ils répondaient d'une créance de dix pièces d'or, le créancier ne pourra

(1) Dig. 50, 17, 1. 25.

exercer son action relativement à chacun d'eux que pour cinq; et si, sur la poursuite qu'il exerce ainsi, il vient à être remboursé de sa créance, son intérêt cessera, son action s'éteindra complètement (1).

Toutefois, ces principes ne doivent s'appliquer qu'autant que le créancier n'a pas de faute à s'imputer; je suppose que ce soit par sa faute que le vol se soit accompli : comme alors il pourra être poursuivi par l'action *pignoratitia* et forcé de restituer la valeur entière du gage, il aura grand intérêt à recouvrer l'objet volé, l'action *furti* lui sera accordée (2).

Cette règle ne souffre qu'une exception; c'est le cas où le voleur est le débiteur lui-même, car alors ne pouvant être poursuivi pour une somme supérieure à la valeur du gage, et ne pouvant de son côté exercer l'action *pignoratitia contraria*, il n'a pas d'intérêt à exercer l'action *furti*; aussi lui est-elle refusée (3).

Ce que nous venons de dire du créancier gagiste peut s'appliquer au fermier; bien qu'il ne soit pas propriétaire du fonds qu'il cultive, il a, comme le propriétaire lui-même, intérêt à la restitution des fruits qui lui ont été volés; et comme tel il peut exercer l'action *furti*: *Proterea habent furti actionem coloni, quamvis domini non sint; quia interest eorum* (4).

La loi 57 § 8, contient une règle spéciale pour le cas où la chose qui a été volée est une de celles dont le fermier n'a pas la jouissance; une mine de soufre, par

---

(1) Dig. 47, 2, l. 14, § 6.
(2) Dig. 47, 2, l. 14 et 15.
(3) Dig. 47, 2, l. 87.
(4) Dig. 47, 2, l. 14, § 2, et l. 27, § 1, l. 82, § 1.

exemple, et par une conséquence de la règle générale, elle lui refuse l'action *furti* dans ces circonstances.

23. A propos des personnes intéressées à exercer l'action de vol, les jurisconsultes se demandaient à qui elle appartiendrait dans le cas d'une lettre interceptée, et ils décidaient la question suivant les circonstances; si celui qui l'avait envoyée avait eu l'intention qu'elle lui fût rapportée, l'action lui était accordée; si elle devait uniquement profiter au destinataire, c'était lui qui pouvait exercer l'action; enfin, on la donnait au porteur lui-même lorsqu'il avait garanti la remise et reçu le prix de sa commission, car alors il répondait du vol dont il avait été victime (1).

24. Parmi les personnes intéressées à la conservation d'une chose, après ceux qui ont sur elle un droit de propriété ou un droit de gage, il faut placer ceux qui ont un droit d'usufruit ou d'usage; certes, ces personnes ont grand intérêt à ce que la chose dont elles jouissent ne vienne pas à disparaître; elles ont donc l'action *furti*. Dans cette hypothèse, l'action peut se trouver appartenir à deux personnes, au propriétaire et à l'usufruitier ou à l'usager; comme dans le cas de gage, elle peut être exercée pour partie par le créancier gagiste, pour partie par le débiteur lorsque la valeur du gage se trouve supérieure à la créance (2).

Quelque soit, du reste, le nombre de ceux qui peuvent agir, si l'un d'eux succombe, les autres conservent le droit d'intenter l'action (3).

25. Il est des circonstances dans lesquelles on accorde

(1) Dig. 47, 2, 1. 44, § 17.
(2) Dig. 47, 2, 1. 46, §§ 4 et 5.
(3) Dig. 47, 2, 1. 46, § 5.

l'action à celui qui sans être intéressé lui-même, personnellement, à la conservation de la chose, pourrait cependant être poursuivi si elle venait à lui être volée; ainsi, qu'une personne préposée à la garde d'un objet vienne par sa faute à le laisser voler, l'action *furti* lui sera accordée : la loi 14 § 12 *de furtis*, est formelle à cet égard.

Les textes citent l'exemple d'un foulon ou d'un tailleur qui peuvent exercer l'action *furti*, lorsque les objets qu'on leur a donnés à réparer leur ont été volés (1). Ils font cependant la restriction suivante : il faut que ces individus soient solvables; sans cela, l'action reviendrait au propriétaire, en vertu de ce principe que *qui non habet quod perdat, ejus periculo nihil est* (2).

Le commodataire peut exercer l'action de vol, et il le peut, non seulement pour la chose volée, mais encore pour ce qu'elle a produit, *quia et hujus custodia ad eum pertinet* (3) : il profite de la chose, il est naturel qu'il en réponde, et c'est pour cela qu'on lui donne l'action. Mais qu'arrivera-t-il si l'esclave du prêteur dérobe la chose prêtée ? Cette question est résolue par la loi 53 *de furtis* au Digeste : si le commodataire est solvable, il pourra exercer l'action de vol contre son prêteur en qualité de maître de l'esclave; de son côté, celui-ci pourra exercer l'action *commodati* contre l'emprunteur, en sorte que les deux actions seront exercées en même temps, et ne s'éteindront que si les deux parties les abandonnent ensemble, ou si elles se satisfont mutuellement, l'une en rendant la chose, objet du commodat, l'autre en en

(1) Dig. 47, 2, l. 12. Inst. IV, 1, § 15.
(2) Dig. 47, 2, l. 12, v. *si autem*.
(3) Dig. 47, 2, l. 14, § 15. Inst. IV, 1, § 16.

payant la valeur. La position du prêteur est plus délicate lorsque c'est l'esclave du commodataire qui a volé la chose prêtée ; en effet, l'action *furti* appartenant en principe au commodataire, le prêteur se trouve réduit à l'action *commodati* (1). Cet état de choses fut modifié par Justinien, comme il nous l'apprend lui-même dans la loi finale, *de furtis*, au Code. D'après cette nouvelle législation, que le commodataire soit solvable ou non, le prêteur a toujours l'action *furti*, seulement il doit opter entre cette action et celle qui résulte pour lui du commodat, et son choix une fois fait, il ne peut plus y revenir ; si cependant il a agi par l'action *commodati*, parce qu'il ignorait l'existence du vol, il peut plus tard exercer l'action *furti*, à moins cependant que déjà, sur son action, le commodataire ne lui ait donné pleine satisfaction ; auquel cas ce serait à lui qu'appartiendrait l'action *furti*.

Si le commodataire a en certains cas l'action *furti*, on ne peut en dire autant du dépositaire ; ce dernier, en effet, ne répond que de son dol ; c'est avec son dol que commence pour lui l'intérêt : *Quid enim ejus interest, si dolo careat? Quod si dolo fecit, jam quidem periculum ipsius est* ; or, son dol ne peut lui faire accorder l'action *furti* (2).

C'est aussi parce qu'il n'y a pas intérêt qu'on refuse l'action à celui qui a reçu précairement un esclave ; le précaire ne donne naissance à aucune action d'où il résulte que le débiteur, ne pouvant être actionné, n'a aucun intérêt à poursuivre le voleur ; il en est autrement dès

(1) Dig. 47, 2, l. 53, §§ 1 et 2.
(2) Dig. 47, 2, l. 11, § 3.

que l'interdit est rendu, alors il répond de sa faute *et ideo furti agere potest.* (1).

Une autre conséquence de ce principe que quiconque y a intérêt peut exercer l'action *furti*, c'est que celui qui a acheté une chose volée et qui se trouve ensuite la perdre par suite d'un vol, celui-là peut agir par l'action *furti.* (2).

Toutefois, si l'application de ce principe est conforme aux règles de l'équité, il faut cependant la restreindre au cas où il y a réellement *intérêt* pour les parties ; il ne suffirait pas, par exemple, qu'il y eut absence de gain pour elles : *interesse autem videtur, qui damnum passurus est, non ejus qui lucrum facturus esset ;* l'action *furti* sera refusée, par exemple, à celui qui possédait une chose volée *pro hærede,* quoiqu'il puisse l'usucaper, parce qu'il ne s'agit pour lui que de faire un bénéfice (3).

26. Il faut, comme nous le savons aussi, que cet intérêt soit honnête, ainsi le possesseur de mauvaise foi ne peut agir *actione furti, quia nemo de improbitate suâ consequitur actionem* (4). Par la même raison, le dépositaire d'une chose volée ne peut l'exercer ; en formulant cette règle, le jurisconsulte Ulpien suppose évidemment que le dépositaire connaît l'origine de l'objet volé ; sans cela, il serait inutile d'indiquer, comme une exception, ce qui n'est qu'un cas spécial d'application de la règle générale.

C'est encore pour la même raison que l'emprunteur d'une chose, celui qui s'est chargé de la remettre quel-

(1) Dig. 47, 2, l. 14 § 11.
(2) Dig. 47, 2, l. 52, § 10.
(3) Dig. 47, 2, l. 71, § 1.
(4) Dig. 47, 2, l. 11 et 12.

4

que part, *mandato*, n'ont pas l'action *furti* s'ils se sont rendus coupables de vol, si, par exemple, ils ont caché la chose qui leur avait été confiée, dans l'intention de la dérober (1).

En aucun cas, le voleur ne doit pouvoir l'exercer, lorsque l'objet de son vol lui a été frauduleusement soustrait ; c'est au propriétaire seul que compète l'action contre les deux voleurs successifs : *ita ut si cum altero furti actionem inchoet, adversus alterum nihilominus duret* (2). On trouve cependant une exception à cette règle, Ulpien l'indique dans la loi 48, *de furtis*, au Digeste : le foulon qui a reçu un habit à nettoyer, qui le prête à quelqu'un sans le consentement du propriétaire, et qui se trouve en vertu de ce fait tenu vis à vis de ce dernier de l'action *furti*, ce foulon, dit le jurisconsulte romain, peut poursuivre *actione furti* le voleur qui s'est emparé de l'habit qu'il lui avait injustement prêté.

La loi 67 *de furtis* en indique même une seconde : si un esclave voleur dérobe à une personne la chose qu'elle a frauduleusement enlevée elle-même, celle-ci aura par exception l'action *furti* contre le propriétaire de l'esclave, *ne facinora talium servorum non solum ipsis impunitatem praestent, sed dominis quoque eorum quaestui sint* (3).

27. Pour exercer l'action *furti*, il ne suffit pas d'avoir un intérêt et un intérêt honnête ; il faut encore que celui qui veut agir détienne la chose pour lui-même et qu'il la tienne du véritable propriétaire ; la loi 85 *de furtis* est formelle à cet égard. D'après cela, on refuse l'action à celui qui gère les affaires d'autrui *voluntate sua*, même

(1) Dig. 47, 2, l. 14, §§ 4, 8; 9.
(2) Dig. 47, 2, l. 76, § 1.
(3) Dig. 47, 2, l. 67, § 4.

comme tuteur, curateur, etc., lorsque la chose est volée par sa faute ; on la refuse à celui auquel un esclave, une chose quelconque *debetur ex stipulatu vel ex testamento* ; on la refuse également à l'acheteur qui n'a pas obtenu la tradition, qui ne s'est pas fait céder les actions de son vendeur.

Il arrive souvent d'après cela que tout en ayant intérêt à la conservation d'une chose, on n'a pas l'action *furti*. Un créancier est grandement intéressé à ce que son débiteur conserve son patrimoine ; néanmoins, il ne peut intenter l'action *furti* contre le voleur de ce débiteur ; par la même raison, le mari peut seul intenter l'action de vol relativement au fonds dotal (1). De même encore quand le gage donné à l'un de deux associés *omnium bonorum* est volé, celui-là seul peut agir qui a reçu le gage; enfin, c'est encore pour le même motif, que le père ne peut agir lorsqu'une chose a été volée à son fils : *quia custodiam præstare non debet* (2).

28. Nous venons de voir dans quels cas et par quelles personnes l'action *furti* pouvait être intentée ; toutefois les principes que nous avons posés souffrent une exception exigée par la nature même des choses et que nous verrons se reproduire dans nos lois françaises. Le § 12 du titre I, livre IV des Institutes, s'exprime ainsi : *hi qui in parentium vel dominorum potestate sunt, si rem eis subripiant, furtum quidem illis faciunt, et res in furtivam causam cadit, nec ob id ab ullo usucapi potest antequam in domini potestatem revertatur ; sed furti actio non nascitur, quia nec ex alia ulla causa potest inter eos actio nasci.* Les relations qui existent entre les membres d'une même

(1) Dig. 47, 2, l. 49.
(2) Dig. 47, 2, l. 11, § 10.

famille, l'union qui doit régner parmi eux, exigent que l'action *furti* leur soit interdite : *quod non magis cum his quos in potestate habemus, quam nobiscum ipsi agere possumus* (1). Cette règle était formellement exprimée à l'égard des époux par la loi 22, *de furtis*, au Code : *Maritus propter matrimonii pudorem, non furti sed rerum amotarum actionem habet.*

Vis à vis de l'esclave, l'exercice de l'action était également interdit au maître, mais ce n'était pas pour le même motif ; c'est que tout ce qu'il possédait était à son maître ; ce qui le prouve, c'est que dans certains cas, lorsqu'il était solvable, l'action était donnée contre lui : *si non fuerit solvendo, dicendum est non competere actionem* (2).

Enfin si l'action de vol appartient à ceux qui sont intéressés à la conservation de la chose volée, nous devons remarquer qu'elle passe, avec tous les droits et actions à eux appartenant, à leurs successeurs universels ; la loi 41, § 1, *de furtis*, fait l'application de cette règle en disant que dans le cas où l'adrogé aurait pu exercer l'action *furti*, l'adrogateur pourra agir par le même moyen.

29. Un troisième point à examiner relativement à l'action *furti*, est celui de savoir en quoi consiste la peine que le juge doit prononcer ; nous savons déjà que tantôt elle est du double et tantôt du quadruple ; mais quelle est la valeur qui doit être ainsi doublée, quadruplée ? c'est ce que nous allons étudier.

D'abord le demandeur à l'action a plusieurs choses à indiquer : il doit décrire d'une manière à peu près exacte la chose volée ; il doit approximativement en fixer la valeur, et même le poids, le nombre, s'il s'agit de choses

(1) Dig. 47, 2, l. 16 et 17.
(2) Dig. 47, 2, l. 52, § 9.

que l'on a l'habitude de peser ou de compter ; il doit indiquer aussi la matière dont la chose est faite, sa couleur, etc. (1) Moyennant ces indications, le Préteur rend sa formule et renvoie les parties devant le *judex*, qui prononce la condamnation.

Maintenant si le volé n'a d'autre intérêt que celui de recouvrer sa propriété, il est évident que la valeur de la chose volée sera exactement la mesure de cet intérêt, et que ce sera elle qui devra servir de base à la condamnation. Mais il n'en est pas toujours ainsi ; souvent il arrive, comme nous l'avons vu , que le volé n'est pas le propriétaire de la chose et qu'il a un intérêt plus ou moins grand à sa conservation ; il arrive que cet intérêt dépasse de beaucoup la valeur de l'objet dérobé ; il arrive enfin qu'une même chose est possédée par deux maîtres, et dans ce cas chacun d'eux aura-t-il l'action *furti* pour la valeur entière de la chose ? Ce sont là autant de questions importantes à résoudre.

Le principe, en cette matière, est celui-ci : Ce qu'il faut doubler ou quadrupler c'est la valeur réelle de la chose, sa valeur vénale ; *in furti actione, non quod interest, quadruplabitur vel duplabitur, sed rei rerum pretium* (2). Il est évident, du reste, que l'estimation comprendra la chose et de plus ses accessoires, quand même depuis le vol elle aurait péri.

Ainsi, qu'un esclave, un fils de famille aient été volés, que cet enfant, cet esclave aient été institués héritiers, l'action *furti* exercée par le maître de l'un ou de l'autre portera, non seulement sur la valeur de l'es-

(1) Dig. 17, 2, 1. 19.
(2) Dig. 17, 2, 1. 50, Pr.

clave, mais sur celle de l'hérédité (1). Quelquefois l'objet du vol n'a par lui-même aucune valeur : c'est un titre, il constate une obligation, un legs ; l'estimation doit varier dans ce cas, et l'on ne peut plus s'en tenir à la valeur intrinsèque du papier qui renferme l'écrit, il faut considérer l'intérêt de celui qui a été victime du vol.

Qu'un billet, un testament aient été volés, ce sera la somme portée dans ce testament, dans ce billet qui sera doublée ou quadruplée : *Qui tabulas cautionesque subripuit in adscriptam summam furti actione tenebitur* (2). Il importe peu, du reste, que le volé ait une autre manière de prouver l'existence de ces billets ou de ce testament, il n'en conserve pas moins l'action *furti ; nihil mihi videtur interesse, si sint et aliæ probationes solutæ pecuniæ* (3).

L'estimation à faire est quelquefois difficile ; cela arrive, par exemple, lorsque l'intérêt de la personne volée est complètement indépendant de la valeur de la chose ; Javolenus cite le cas d'une esclave volée à deux maîtres ; l'un en avait la propriété, l'autre la possédait de bonne foi ; tous deux, dit-il, ont l'action, l'un pour le double de la valeur réelle, l'autre pour le double de son intérêt. C'est, du reste, au demandeur à faire l'estimation de son intérêt (4).

30. Cette estimation peut varier, comme la valeur de la chose elle-même ; depuis le moment du vol, l'objet volé peut avoir augmenté comme il peut s'être détérioré, et il est évident que, suivant l'époque à laquelle on se reportera, le résultat de l'estimation sera différent ; or, à

(1) Dig. 47, 2, 1. 52, § 28.
(2) Dig. 47, 2, 1. 82, § 3.
(3) Dig. 47, 2, 1. 27, § 1 et suiv.
(4) Dig. 47, 2, 1. 71.

quel moment devra-t-elle être faite ? Le Droit romain résoud cette question d'une manière absolue ; on doit, dit-
elle, considérer le moment où la chose avait le plus
de valeur ; peu importe que ce soit au moment même
du vol ou depuis (1). Qu'un voleur ait enlevé un esclave
enfant, que cet enfant soit devenu adolescent depuis
qu'il est entre ses mains, c'est la valeur de l'adolescent
qui sera considérée pour fixer le montant de la condamnation. Il serait ridicule, en effet, *meliorem furis
conditionem esse, propter furti continuationem existi-
mare* (2).

Il en serait de même si la chose avait été transformée
depuis le *furtum*. Ulpien atteste, que dans ce cas, la victime du vol peut choisir entre l'estimation de la chose
même qu'elle a perdue et celle de l'objet qui a été fabri-
qué avec elle (3).

31. En quatrième lieu, nous avons à voir contre
qui l'action *furti* peut être intentée.

La première règle à poser en cette matière, c'est que
l'auteur du vol peut seul être poursuivi ; en aucun cas
l'action *furti* ne peut être intentée contre les héritiers ou
autres successeurs du voleur. La raison de cette règle se
comprend assez d'après les caractères mêmes de cette
action ; nous avons vu qu'elle est purement pénale :
or, il est de toute justice que le châtiment n'attei-
gne que le coupable (4) ; c'est un des caractères qui la
distinguent des autres actions auxquelles le vol donne
lieu. Toutefois, même à l'égard de l'action *furti*, il faut

(1) Dig. 47, 2, 1. 50.
(2) Dig. 47, 2, 1. 67, § 2.
(3) Dig. 47, 2, 1. 52, § 11.
(4) Dig. 47, 2, 1. 1.

admettre une exception ; on peut la poursuivre contre
les héritiers du voleur, lorsqu'elle a été intentée avant
sa mort (1).

Le changement de position du voleur n'éteint nullement l'action, et c'est ici le lieu d'appliquer la maxime
noxa caput sequitur ; si, par exemple, un esclave voleur
a changé de maître depuis le délit, le nouveau propriétaire n'en aura pas moins à répondre à l'action *furti*.

Dans le liv. II, tit. 3, § 10, de ses Sentences, le jurisconsulte Paul nous apprend que le voleur n'est pas le
seul qui ait à répondre à l'action de vol : *non tantum qui
furtum fecerit, sed etiam si cujus ope aut consilio furtum
factum fuerit furti actione tenebitur* : on peut donc poursuivre aussi celui qui par son aide, *ope*, et par ses con-
seils, *consilio*, a favorisé le vol. La loi romaine prend,
du reste, le soin de définir ces deux expressions : *con-
silium dare videtur qui persuadet et impellit atque instruit
consilio ad furtum faciendum ; Opem fert qui ministerium
atque adjutorium ad subripiendas res præbet* (2). Mais
faut-il, pour accorder l'action, entendre séparément ces
deux mots, ou bien doit-on exiger du complice à la fois
aide et conseil ? La première opinion était celle de Labéon ; le Dig. l'a consacrée dans la loi 53, § 1, *de furtis*. Dans
les deux cas, il faut l'existence du *dolus malus* ; car de
même qu'on n'est pas voleur sans intention frauduleuse,
de même, sans elle, on ne peut être complice (3) ; d'où il
résulte que l'impubère ne peut être complice que dans
les cas où il aurait pu être voleur. Cette intention mauvaise peut, du reste, consister simplement dans le dé-

(1) Dig. l. 64, *de reg. jur.*
(2) Dig. 47, 2, l. 50, § 3.
(3) Dig. 47, 2, l. 50, § 2.

sir de favoriser des voleurs par un motif quelconque,
s'ils sont les associés du complice, par exemple, *ut so-
cii furarentur*, ou même dans le désir de nuire à quelqu'un, *inimicitiarum causâ*. Le complice est coupable
quand même il n'aurait fait que prêter des instruments
pour accomplir le vol (1), s'il l'a fait avec connaissance
de cause.

Comme application du principe que nous venons de
poser, les lois 51 et 50, § 4, au Digeste, citent le fait
d'une personne qui effraie un troupeau et le disperse;
on ne pourra, disent-elles, exercer contre le coupable
l'action *furti*, qu'autant qu'il aura agi dans le dessein de
faire tomber entre les mains des voleurs les animaux
qu'il a effrayés. Dans le cas contraire, on n'aura contre
lui qu'une action *in factum*, *quia non debet impunitus
esse lusus tam perniciosus*. En outre, et par une déduction
de la loi Aquilia, on pourra aussi intenter contre lui
une action *utile*.

Celui qui cache des choses volées, le receleur, est
complice, car il y a de sa part *dolus malus*, intention
frauduleuse, et on en reconnaîtra facilement l'existence
s'il ne peut indiquer l'origine des objets volés qu'il a
entre les mains (2). Celui qui cache un voleur est complice, mais il n'en est pas de même de celui qui connais-
sant la retraite d'un voleur, ne l'indique pas, *multum
interest furem quis celet, an non indicet*; on peut en dire
autant de celui qui *iter fugitivo monstravit* (3).

On ne peut intenter l'action de vol contre celui qui
conseille à un esclave de s'enfuir ou de se tuer; mais

---

(1) Dig. 17, 2, 1. 51, § 4.
(2) Code 6, 2, 1. 11 et 1. 5.
(3) Dig. 17, 2, 1. 53 et 1. 48, § 1.

cette règle ne serait plus applicable si l'esclave en fuyant volait son maître, *cum rebus aufugeret,* ou si le conseil de fuir ne lui avait été donné que dans le but de le faire tomber entre les mains d'un voleur. Deux esclaves qui s'enfuient ensemble ne sont pas voleurs; mais si *invicem se celaverint,* ou si en se sauvant ils ont commis un vol au préjudice de leur maître, ils seront tenus *actione furti* (1).

Nous avons vu que bien que le vol existât et qu'en principe l'action *furti* dût être exercée, cependant, dans certains cas, des motifs particuliers, l'intérêt de la famille, par exemple, l'avaient fait refuser à certaines personnes. L'observation de cette règle en matière de complicité faisait que, souvent, le complice seul pouvait être poursuivi, et que souvent aussi on ne pouvait agir contre lui, bien qu'il fut coupable; ainsi, une personne a aidé un esclave à voler son maître, un fils à voler son père, elle sera seule poursuivie; au contraire, si c'est à l'instigation du fils, de l'esclave que cette personne a commis le vol, ce sera contre elle seule que l'action sera dirigée : *item placuit eum qui filio, vel servo, vel uxori opem fert furtum facientibus, furti teneri; quamvis ipsi furti actione non conveniantur* (2).

32. Enfin, il nous reste à voir comment s'éteint l'action *furti.* La nature même de cette action fait qu'elle ne peut survivre à l'auteur du délit; en effet, elle est pénale, nous l'avons dit, et comme telle, on ne peut l'intenter contre les héritiers du coupable : *furti actione minime teneantur successores; est certissima juris regula,*

(1) Dig. 17, 2, l. 36.
(2) Dig. 17, 2, l. 52.

disent aussi les Institutes, *ex maleficiis pœnales actiones in hæredem rei non competere* (1). Au reste, tant que le coupable existe, l'action le suit partout, en quelques mains qu'il passe, *noxa caput sequitur*. S'il tombe au pouvoir de l'ennemi, l'action s'éteint forcément, mais son retour dans son pays la fait renaître (2).

Lorsque plusieurs choses ont été volées en même temps à une même personne, l'action qu'elle n'exerce que relativement à l'une d'elles s'éteint par rapport aux autres. Cette règle n'est pas applicable au cas où deux objets sont volés en même temps, l'un par un esclave et l'autre par le maître de cet esclave; dans ce cas, les deux actions peuvent être séparément intentées (3).

Le vol est un délit privé; les peines qu'il fait encourir à son auteur ne peuvent être demandées que par les personnes intéressées; or, il est de principe que celui qui peut exercer un droit peut aussi l'abandonner, soit par un pacte, soit par une transaction passée avec la personne contre laquelle il pourrait l'exercer. Ce principe général est appliqué en matière de vol par la loi 17, au Digeste, *de pactis* : *quædam actiones per pactum ipso jure tolluntur; ut injuriarum, item furti.* On peut donc transiger sur l'action *furti*; et, pour cela, il suffit de pouvoir disposer de l'objet volé; ainsi, l'esclave pourra transiger avec celui qui lui aura volé une partie de son pécule, car l'action de vol en fait partie; cette transaction, remarquons-le, ne pourra cependant pas être faite *donationis causâ*, car l'esclave administrateur de son pécule

(1) Code 6, 2, l. 13. Inst. iv, 12, § 1.
(2) Dig. 47, 2, l. 41, §§ 2 et 3.
(3) Dig. 47, 2, l. 83, § 1.

n'a pas le pouvoir de faire une donation (1). Le tuteur, le curateur peuvent transiger : si tutor qui negotia gerit, aut curator, transegerit cum fure, evanescit furti actio; le tuteur, en effet, représente le propriétaire, et, lorsqu'il recouvre la chose volée, l'action s'éteint (2).

Le serment a force de transaction entre les parties; de là cette conséquence que, si quelqu'un a juré n'avoir pas volé une chose, on ne peut lui intenter l'action de vol; seulement, si plus tard il se trouve en possession de la chose volée, on peut l'actionner par la rei vindicatio.

§ 2. De la condictio furtiva.

33. Tout délit engendre une obligation; c'est un devoir, en effet, pour celui qui a commis un dommage de le réparer; ce devoir, que la conscience impose à tout homme, a été sanctionné par le Droit romain comme par le nôtre, et l'on a reconnu à la victime du délit le droit de poursuivre le coupable et de le forcer à réparer le préjudice qu'il lui avait causé.

Ce principe, si conforme aux règles de la morale, a reçu son application en matière de vol, et l'on a reconnu à celui auquel une chose avait été dérobée, le droit de la faire restituer et d'exercer dans ce but certaines actions que nous avons déjà énumérées et que nous allons étudier.

La première de ces actions est la condictio furtiva. En Droit romain, on appelait condictio l'action qui dérivait d'une obligation de droit strict; cette action, qui tendait à l'exécution d'une obligation résultant soit d'un con-

(1) Dig. 1. 7. Pr. de Donationibus.
(2) Dig. 47, 2, 1. 54, § 5, et l. 56, § 1.

tral, soit d'un délit, pour laquelle, en rendant sa formule, le Préteur devait se conformer à la rigueur formaliste de l'obligation, sans avoir égard aux règles de l'équité, et pour laquelle aussi, dans son appréciation du point litigieux, le juge ne devait point donner d'élasticité aux prescriptions de la formule. (1)

La *condictio furtiva* tendait à l'exécution de l'obligation dérivant du vol ; elle tendait à une translation de propriété. Le demandeur soutenait que son adversaire devait lui transférer la propriété, et le Préteur rendait sa formule en conséquence. Cette prétention du demandeur peut paraître singulière, car le vol ne faisait point perdre la propriété de la chose volée, et dans ce cas on peut trouver surprenant qu'une personne réclame une propriété qu'elle n'a pas perdue. Gaius explique cette anomalie ; c'est par exception, dit-il, et en haine des voleurs que la *condictio* a été accordée au propriétaire de l'objet volé. *Plane olio furum, quo magis pluribus actionibus teneantur, effectum est ut extra pœnam dupli aut quadrupli, rei recipiendæ nomine fures ex hac actione teneantur, si paret eos dare oportere, quamvis sit etiam adversus eos hæc actio qua rem nostram esse petimus* (1).

34. On voit, d'après cela, que la *condictio furtiva* diffère essentiellement de l'*action furti* ; l'une était *rei persecutoria*, l'autre pénale ; de là résultaient des conséquences importantes que nous aurons occasion d'examiner.

Le but de la *condictio* était d'obtenir, sinon l'objet volé, au moins sa valeur ; nous avons vu, à propos de l'action *furti*, quelle était l'époque et la manière dont il fallait

(1) Gaius iv, § 4.

procéder pour arriver à l'estimation de la chose perdue ; nous devons ajouter que la *condictio* s'exerce également pour les fruits et les accessoires de l'objet volé : ainsi, on peut réclamer, par cette action l'hérédité échue à l'esclave volé, et cela quand même cet esclave serait mort dans l'intervalle (1). On peut l'exercer, non seulement eu égard à l'objet volé, mais encore pour recouvrer ce qui en reste, s'il a été détruit.

Dans aucun cas, du reste, le demandeur n'est tenu de donner caution : *cavere autem ex hac actione petitor ei cum quo agitur nunquam debebit* (2).

35. Relativement à celui qui peut exercer la *condictio*, la loi 1, au Digeste, *de condictione furti*, pose ce principe : *In furtivâ re, soli domino competit condictio.* Aux parties intéressées, à l'emprunteur, au commodataire, au créancier gagiste, on donne l'action *furti*, mais au propriétaire seul la *condictio* (3). Le droit d'exercer cette action est inhérent à la qualité de propriétaire ; il cesse avec elle ; et si le propriétaire lègue au voleur la chose qu'il lui a dérobée, s'il la lègue même à tout autre, son héritier ne peut intenter la *condictio* (4).

D'après cela, lorsqu'un objet est légué sous condition, l'héritier peut agir *condictione*, tant que la condition n'est pas réalisée ; dès qu'elle arrive, il n'a plus ce pouvoir (5).

Quant au légataire, il a l'action en revendication que lui confère son legs ; mais, n'étant pas propriétaire au

(1) Dig. 13, 1, l. 13, l. 8 et l. 3.
(2) Dig. 13, 1, l. 11, § 1.
(3) Dig. 47, 2, l. 14, § 16.
(4) Cod. l. 10, § 2 et 3 de cond. furt.
(5) Dig. 47, 2, l. 52, § 29.

moment du vol , puisque la condition n'était pas encore
réalisée, il ne peut agir par la *condictio* (1).

Lorsque nous disons que le propriétaire peut seul exercer cette action ; il est bien entendu que le tuteur , le
curateur d'un pupille, peuvent l'exercer en son nom ; la
loi 56, § 4, *de furtis*, est, du reste, formelle à cet égard.

Dès qu'une personne perd la propriété d'une chose ,
elle perd en même temps le pouvoir d'exercer la *condictio*, pourvu cependant qu'elle ait perdu la propriété
par son fait. Comme exemple de cette règle, le jurisconsulte Marcellus cite le cas où une chose appartenant en
commun à deux propriétaires est volée ; il faut , dit-il ,
distinguer alors quel est celui qui a provoqué le partage;
celui-là perd la *condictio*, tandis que l'autre peut l'exercer (2).

Enfin , par exception , on donne au créancier gagiste
la *condictio incerti* (3).

Que le vol soit ou non manifeste, cela importe peu en
ce qui concerne la *condictio*, elle peut toujours s'exercer,
la loi 10, *il, cond. furt.*, au Digeste, ne laisse aucun doute
à cet égard. Il importe peu également que ce soit la propriété ou seulement l'usage ou la possession qui aient
fait l'objet du vol; on peut, toutefois, se demander quel
avantage procure la *condictio* au commodant ou au déposant, puisqu'ils ont , pour se faire rendre la chose prêtée ou déposée, l'action *depositi ou commodati* ; à cette question, la réponse est facile : le commodataire ou le dépositaire ne sont responsables que de leur faute, si la chose qui
leur a été confiée a péri sans que de leur part il y ait eu

(1) Dig. 13, 1, l. 11.
(2) Dig. 13, 1, l. 12.
(3) *Ibid*, § 2.

mauvaise foi, l'action dérivant du contrat qui les obligeait se trouve éteinte; au contraire, la *condictio* peut faire condamner le voleur à restituer la valeur de la chose périe, lors même qu'il n'y a aucune faute à lui imputer relativement à sa destruction (1).

36. Si la *condictio* diffère de l'action *furti*, en ce qui concerne les personnes qui peuvent l'intenter, elle en diffère aussi profondément à l'égard de ceux qui peuvent être actionnés; ces différences proviennent toujours de ce que l'une de ces actions est pénale tandis que l'autre ne l'est pas. Une conséquence immédiate de ce principe, c'est que si plusieurs personnes ont commis un vol, toutes auront à subir la peine du vol, car le nombre des coupables n'atténue en rien leur culpabilité; au contraire, quoique toutes soient solidairement tenues de restituer l'objet volé, dès que l'une d'elles l'aura rendu, les autres seront libérées; car il serait injuste de forcer de rendre deux fois la même chose (2).

En second lieu, l'action *furti* ne peut, en aucun cas, atteindre l'héritier du voleur, il n'en est pas de même de la *condictio*; on peut l'intenter contre tous successeurs, quand même la chose volée aurait péri *nec tantum si vivat servus fugitivus, sed etiam si decesserit* (3); elle peut l'être contre eux, quand même ils seraient *furiosi* ou *infantes*, quoique dans cet état, ils ne puissent être personnellement actionnés (4). S'il n'y a qu'un seul héritier, il peut être poursuivi pour le tout et souvent bien au-delà de ce dont il a profité; s'il y en a eu plusieurs, l'ac-

(1) Dig. 13, 1, 1. 16.
(2) Cod. l. 1 *de cond. furt.*
(3) Dig. 13, 1, 1. 5 et l. 7.
(4) Dig. 13, 1 l. 9.

tion se divise proportionnellement à la part héréditaire
de chacun (1).

La *condictio* peut être exercée contre le *filius familias*;
elle peut l'être contre le maître de l'esclave voleur, *in id
quod ad eum pervenit*. Nous savons que c'est aussi contre lui que s'exerce l'action *furti*; mais il peut toujours
se dégager en abandonnant l'esclave en réparation du
dommage (2). L'esclave voleur devenu libre peut avoir
à répondre à l'action *furti*; mais c'est contre son maître
que s'exerce la *condictio* (3).

Pour être tenu de la *condictio*, il ne suffit pas d'avoir
aidé le voleur : *si ope consiliove alicujus furtum factum
sit, conditione non tenebitur, etsi furti teneatur* (4). Il ne
suffirait pas non plus que le voleur ait accompli son
vol, si l'on était parvenu à lui arracher la chose volée
avant qu'il ait pu l'emporter (5). On ne peut l'exercer
contre celui qui a volé une personne libre; car la *condictio* tend au transfert de la propriété, et un homme libre ne peut appartenir à personne (6).

37. La *condictio* cesse dès que le propriétaire est ren-
tré en possession de l'objet volé, *nemo furum condictione
tenetur, posteaquam dominus possessionem apprehendit*.
Il en résulte que l'on ne peut l'intenter contre le voleur
manifeste, lorsqu'il n'a ni tué ni détruit l'objet du vol
qu'il a commis (7). C'est là une différence saillante entre la
condictio et l'action *furti*; différence qui résulte de la na-

(1) Dig. 13, 1, l. 9.
(2) Dig. 13, 1, l.
(3) Dig. 13, 1, l. 15.
(4) Dig. 13, 1, l. 6.
(5) Dig. 47, 2, l. 21.
(6) Dig. 47, 2, l. 38.
(7) Dig. 47, 2, l. 10.

ture même de ces deux actions ; en effet, dans la première le recouvrement de la chose de la part du volé n'éteint pas l'action, qu'il soit forcé ou bénévole ; ici, au contraire, il anéantit l'action, et il l'anéantit même proportionnellement à ce qui a été rendu au propriétaire ; en sorte qu'il ne peut plus l'intenter que pour ce qu'il n'a pu obtenir.

La perte de la chose entre les mains du voleur n'éteint pas la *condictio* ; il y aurait toutefois exception dans le cas où, avant sa destruction, il aurait offert de la rendre en nature, ou bien encore s'il avait, à ce sujet, contracté une obligation avec la victime du vol (1). Du reste, les jurisconsultes romains décidaient que, dans le cas où la chose volée viendrait à périr pendant le retard que le demandeur ferait éprouver à l'action, le voleur, à cause de la position défavorable dans laquelle il se trouvait, serait encore forcé d'y répondre (2).

De même que les parties peuvent transiger sur l'action *furti*, de même aussi elles le peuvent pour la *condictio*. Il est inutile d'ajouter que la transaction faite au sujet de l'une de ces deux actions laisse subsister l'autre.

§ 3. De la rei *vindicatio* et de l'action *ad exhibendum.*

38. Outre l'*actio furti* et la *condictio*, dont nous venons d'étudier les principaux caractères, le vol donne naissance à une troisième action, la *rei vindicatio*, qui n'est pas spéciale comme les autres à cette matière et qui nécessite en certains cas l'adjonction d'une quatrième

(1) Dig. l. 67 *de furtis* ; l. 8, et 17 *de cond. furt.* ; Code l. 2, *de cond. furt.*
(2) Dig. l. 20, *de cond. furt.*

action , *l'actio ad exhibendum*. Pour compléter notre travail, nous devons dire quelques mots de ces deux actions.

La *rei vindicatio* est l'action par laquelle on poursuit en justice une chose dont on a la propriété. Cujas l'appelle *proprietatis assertio* , parce que revendiquer n'est autre chose que prétendre à la propriété d'un objet. L'action en revendication ne peut être intentée que par celui qui se prétend propriétaire ; le demandeur, pour triompher dans son action, doit justifier qu'il est propriétaire de la chose (1).

La revendication est une action réelle ; elle poursuit la chose en quelques mains qu'elle soit, contre tout détenteur , quoiqu'il ne soit obligé envers le demandeur que par la possession de la chose (2).

Elle peut être intentée contre le voleur lui-même ; mais l'action personnelle , la *condictio* est beaucoup plus avantageuse dans ce cas , et la personne volée a grand intérêt à l'exercer plutôt que la revendication. En effet, par la *condictio* on peut agir contre le voleur , qu'il soit ou non en possession de la chose ; on peut agir contre lui quand même elle aurait péri par son fait ou par cas fortuit ; par la *rei vindicatio*, au contraire , on ne peut agir que contre le détenteur , celui qui se trouve en possession , ou contre celui qui a cessé de posséder, mais de mauvaise foi, le voleur par exemple ; dans la *condictio* la condamnation peut être d'une somme d'argent ; dans la revendication , le juge peut en principe ordonner la restitution ; mais il n'a plus ce droit lorsque le défendeur a cessé de posséder de mauvaise foi, si le tiers acquéreur n'a pas été complice de la fraude.

(1) Dig. 6, 1, l. 9.
(2) Dig. 6, 1. l. 9 et l. 21.

La *rei vindicatio* est une action arbitraire ; aussi quand le juge reconnaît que la prétention du demandeur est fondée, il ne procède pas immédiatement à la condamnation ; il rend un *jussus* ; il ordonne au défendeur de restituer au demandeur la chose qui fait l'objet de la contestation. Cette restitution doit être telle que le propriétaire se trouve dans la même position que si la chose lui eut été rendue au moment de la *litis contestatio*, c'est à dire avec les fruits et accessoires à partir du moment de la délivrance de la formule, et avec les actions que le possesseur a pu acquérir à l'occasion de la chose qu'il restitue ; si, par exemple, une esclave volée fait l'objet de la *rei vindicatio*, sa mort n'empêchera pas le juge de prononcer à raison des enfants qui ont pu naître : *utique etiam mortuo homine necessaria est sententia propter fructus et partus et stipulationem de evictione.* (1).

Si le défendeur refuse de se conformer au *jussus*, le juge rend sa sentence et la loi lui donne les moyens de la faire exécuter : *si quidem habeat rem, manu militari, officio judicis ab eo possessio transfertur* (2).

S'il ne peut réellement restituer la chose qu'on lui ordonne de remettre au propriétaire, on examine de quelle manière il en a perdu la possession ; si le dol n'est pas la cause de la cessation de cette possession, le juge ne peut le condamner qu'à payer la valeur réelle de la chose réclamée, c'est à dire *quanti adversarii interfuit.* Si, au contraire, c'est par mauvaise foi que la chose est sortie de ses mains, le juge fait affirmer au demandeur par serment la valeur de cette chose et condamne le défendeur à la payer ; la loi 68 de *rei vind.*, au Digeste, est for-

(1) Dig. l. 16, *de rei vind.*
(2) Dig. l. 68, *de rei vind.*

mello à cet égard ; toutefois, en présence des termes du § 2 de la loi 4 *in lit. jur.*, au Digeste, quelques jurisconsultes ont pensé avec raison que ce pouvoir d'estimation n'était pas complètement abandonné à la partie et que le juge pouvait, suivant les circonstances, modifier l'estimation affirmée. Le demandeur peut refuser le serment, le juge doit alors condamner le défendeur à payer la valeur de la chose. Le demandeur n'est pas même obligé de céder toutes ses actions au défendeur qui s'est dessaisi de mauvaise foi de la chose ; ainsi on refuse à ce dernier l'action publicienne : *ne in potestate cujusque sit per rapinam ab invito domino rem justo pretio comparare* (1).

Enfin, lorsqu'on n'a à imputer au défendeur qu'une faute, sans mauvaise foi, il est clair qu'on ne peut lui refuser les actions qu'avait le demandeur (2).

39. La *rei vindicatio* en matière de vol peut non seulement être exercée contre tout détenteur, elle peut l'être toujours, car il est de principe que les choses furtives ne peuvent être usucapées ; le § 2, titre vi, du livre ii des Instituts, le déclare formellement, et il fait dériver cette règle de la loi des XII Tables. Les textes citent de nombreux exemples, et l'on y remarque une constante application des principes que nous avons posés et qui servent à faire reconnaître dans quels cas il y a vol en Droit romain. Ainsi l'héritier qui vend ou donne un objet que son auteur ne détenait qu'à titre de dépôt ou de commodat, avec la conviction que cet objet lui appartient, cet héritier n'est pas un voleur, la chose ainsi vendue peut être usucapée. De même l'usufruitier qui vend, *sine dolo*, la part de l'esclave dont il a l'usufruit, ne commet pas un vol, l'usu-

(1) Dig. l. 69 et l. 70, *de rei vind.*
(2) Dig. l. 63, *de rei vind.*

capion, peut encore avoir lieu. Le vice dont est infecté la chose, ne produit d'effet qu'à l'égard du possesseur de bonne foi, car, vis à vis du voleur, il en est un autre, la mauvaise foi, qui s'opposerait à l'acquisition de la propriété quelque soit la durée de la possession. Aussi est-il difficile de trouver des cas dans lesquels l'usucapion des meubles soit possible ; car celui qui vend ou livre une chose sachant qu'elle est à autrui commet un vol.

Le vice de furtivité est purgé dès que la chose rentre en la possession du propriétaire; il le serait également si la possession était recouvrée par son représentant et qu'il en eût connaissance ; toutefois, cette reprise de possession, même faite à son insu, rendrait la chose susceptible d'usucapion, s'il avait ignoré l'acte coupable qui l'avait dépossédé (1).

Ce principe fait naître la question de savoir ce qui arrivera lorsque le propriétaire aura volé sa propre chose, lorsque par exemple un débiteur aura volé à son créancier le gage qu'il lui avait donné ? La chose ainsi reprise sera-t-elle susceptible d'usucapion ? Nous croyons que la réponse doit être affirmative; la loi 20, § 1, au Digeste, *de furtis*, et la loi 4, § 21, *de usurp. et usuc.*, semblent formelles à cet égard ; et les termes de la loi 6 au Code, *de usucap. pro empt.*, qui pourraient être interprétés dans un sens opposé, doivent s'entendre seulement d'un créancier qui a donné en gage la chose *d'autrui*.

La *rei vindicatio* peut s'éteindre, comme les deux autres actions, par une transaction des parties. Il est évident, en effet, que le propriétaire d'une chose peut

_____

(1) Dig. 41, 3, l. 4, § 7.

consentir à ce qu'elle soit possédée par celui qui la détient déjà; et, dans ce cas, le vice de furtivité est purgé,
l'usucapion peut être accomplie.

40. Enfin, et comme préalable de la revendication, le
propriétaire qui réclamait sa chose pouvait intenter l'action *ad exhibendum*. Cette action était toujours prépara-
toire à une action réelle, elle avait pour but de faire
représenter l'objet qu'on voulait revendiquer, car il était
de principe que pour intenter l'action en revendication,
il fallait que la chose fût sous les yeux des parties. L'action *ad exhibendum* différait de la revendication en ce
qu'elle ne pouvait être intentée que pour des meubles,
et la raison en était que les choses immobilières ne peuvent être cachées, ne peuvent facilement disparaître :
*actio autem ad exhibendum non nisi pro rebus mobilibus
comparata est, quia celari facile et occultari possunt* (1).

L'action *ad exhibendum* était arbitraire: le juge, avant
de condamner le défendeur, devait lui intimer l'ordre de
représenter la chose. S'il refusait d'obéir à cette injonc-
tion, le juge pouvait-il le contraindre *manu militari?*
Cela n'est pas probable; l'exhibition ne produisait par
elle-même aucun résultat immédiat, puisqu'elle devait
seulement mettre à même d'exercer plus tard la revendication; il suffisait donc que le défendeur fût condamné
aux dommages-intérêts.

Tels sont les moyens qu'avait le propriétaire pour
rentrer en possession de l'objet qui lui avait été volé. Ici
se termine ce que nous avions à dire du vol en Droit romain. L'étude de ce délit en Droit français nous don-

---

(1) Code, I. I, *de ad exhib.*

nera l'occasion de revenir souvent sur les principes que nous venons de poser, et de faire de nombreux rapprochements entre nos lois françaises et la Législation romaine.

DEUXIÈME PARTIE.

Du vol en Droit français.

SOMMAIRE.

15. *Quid* des choses héréditaires ? L'héritier receleur peut-il être poursuivi comme voleur?

16. Y a-t-il vol de la part de l'associé qui s'empare d'un objet de la société?

17. Dans le cas de l'article 380, y a-t-il réellement *délit* dans le sens de la loi ? Conséquences.

18. Cet article doit-il recevoir son application lorsqu'il s'agit d'escroquerie ou d'abus de confiance ?

§ 2. — DES DIFFÉRENTS VOLS ET DES CIRCONSTANCES AGGRAVANTES.

19. Sur quoi se fonde la distinction que fait le Code Pénal entre les différents vols?

20. Quelle est la peine du vol simple ?

21. De la disposition qui introduisit dans nos lois les limites du maximum et du minimum.

22. Dans l'esprit de la loi, les larcins ou filouteries sont-ils des espèces de vols?

23. Des circonstances aggravantes. Principes généraux. Historique.

24. Sur quels motifs se fonde l'aggravation de la peine?

25. Comment peut-on diviser les circonstances aggravantes. De la qualité de l'agent coupable.

26. Du vol domestique.

27. Du vol commis par les hôteliers, aubergistes, voituriers, bateliers, etc. *Quid* des loueurs de maisons garnies?

28. Du temps pendant lequel un vol est commis. De la nuit considérée comme circonstance aggravante.

29. Du lieu dans lequel un vol est commis. De la maison habitée.

DROIT FRANÇAIS.

GÉNÉRALITÉS.

1. Les Romains considérèrent le vol comme un délit privé; leurs lois prononcèrent, il est vrai, des peines contre le voleur; mais ces peines, quelles qu'elles fussent, ne purent être réclamées que par la partie lésée. Si tel était le point de vue auquel s'étaient placés les législateurs d'un peuple chez lequel la civilisation avait fait de si grands progrès, ces hommes dont les théories devaient servir de base à toutes les législations modernes, il ne faut pas s'étonner de voir les mêmes idées triompher chez des nations encore barbares. Or, à l'époque où les Romains affaiblis par leurs conquêtes se virent forcés de céder aux peuples envahissants les pays qu'ils avaient soumis à leur empire, les vainqueurs ne voyaient dans les délits qui ne portaient pas atteinte à la forme de leur gouvernement, que des faits punissables, qu'une offense particulière dont la réparation devait être faite à l'offensé et demandée par lui ou par ceux qui l'entouraient, ses parents, ses amis, et qui devait être effacée par une composition graduée d'après le dommage causé. Ces idées étaient trop inhérentes à leur état social, le désir de la vengeance avait trop d'empire sur des hommes toujours armés, pour qu'ils pussent renoncer au droit d'exercer leur ressentiment et reconnaître à leur chef le droit exclusif de punir les désordres,

et d'appliquer une peine dans l'intérêt de tous. Ce ne fut qu'insensiblement et à la longue, que l'on put arriver à modifier cet état de choses et à substituer un châtiment répressif à cette espèce de vente dont les conséquences pouvaient être funestes en assurant l'impunité de celui qui avait les moyens de composer.

Chez les Germains, ce que nous appelons crime était un simple fait de guerre, qui se terminait par un traité pécuniaire entre les deux parentés intéressées. Les actions répréhensibles ne relevaient pas alors de la morale et du droit, mais de la passion et de la force. L'assassinat, lui-même, pouvait se racheter, et s'il était permis à toute personne de venger la mort du parent qu'elle avait perdu et de se faire un trophée de la tête du meurtrier, il lui était aussi facultatif de recevoir une autre satisfaction, de se faire payer une certaine somme pour la réparation du dommage qui avait été causé. Ces principes admis lorsqu'il s'agissait du crime le plus grand que l'homme puisse commettre, reçurent à plus forte raison leur application en matière de vol, et la loi salique punit d'une simple peine pécuniaire cet attentat à la propriété. Au reste, il faut remarquer que dans ces temps reculés, la rareté du numéraire augmentait beaucoup l'importance de ce genre de châtiments.

A cette époque, la puissance sociale n'intervient que rarement et par exception, pour protéger le coupable contre les excès de la vengeance privée et pour rétablir la paix entre les familles. En certains cas, elle fixe elle-même le montant de la composition dont partie revient à l'offensé et partie au fisc.

Cette manière de réprimer les délits présentait de graves inconvénients; d'abord la composition était une punition trop faible, elle était incapable d'arrêter l'auteur du délit dans l'accomplissement du fait qu'il avait médité ; ensuite les cas d'impunité devaient être excessivement nombreux ; souvent le coupable n'était pas connu de la victime, et comme elle seule pouvait exiger réparation, son ignorance le laissait jouir en paix du fruit de son crime. Peu à peu cet état de choses s'améliora ; d'abord on ordonna que les coupables qui étaient restés inconnus à celui qu'ils avaient injustement dépouillé, pussent être poursuivis par tous ceux qui parvenaient à les découvrir. Ainsi, l'homme qui découvrait un voleur devait le dénoncer, sous peine d'être poursuivi lui-même comme auteur du vol.

C'était un premier pas de fait, la société commençait à participer à la répression de ces crimes qu'on appelait encore privés. Ce n'est pas tout ; dans le principe les rois, et, sous eux, les comtes, ou les ducs, investis de tous les pouvoirs, étaient chargés de réprimer les crimes qui pouvaient porter atteinte au gouvernement de leurs états ; peu à peu ils étendirent leur juridiction et y firent rentrer la plupart des délits privés ; c'est alors que la justice devint une des branches les plus lucratives de l'administration de ces petits seigneurs.

Quant à la pénalité elle changea bientôt aussi ; les peines, de pécuniaires qu'elles étaient, devinrent corporelles, et le désordre qui régnait alors inspira aux législateurs une sévérité excessive. Déjà la loi des Ripuaires prononçait contre les voleurs la peine de la potence dans un grand nombre de cas. Sous Charlemagne, des châtiments cruels, des mutilations atroces, furent prononcées ; un premier larcin était puni de la perte d'un œil, un deuxième de celle du nez, un troisième de celle de la vie. Un édit de saint Louis punissait aussi cruellement les voleurs, et des mutilations étaient prononcées contre les coupables suivant la gravité du délit ; ainsi les voleurs de grand chemin étaient punis de la peine capitale ; celui qui commettait un vol dans une église, était puni de la perte des deux yeux (1).

Cette barbarie dans les châtiments eut cependant à se ressentir de l'adoucissement des mœurs, et des progrès de la civilisation. La coutume de Bourgogne, par exemple, prononça contre l'auteur d'un premier délit, une amende laissée à l'arbitrage du juge ; une première récidive était punie d'un châtiment corporel, et une seconde faisait encourir la peine capitale ; puis, lorsque le délit était accompagné de certaines circonstances particulières, le supplice de la roue était prodigué ; ainsi on l'infligeait aux voleurs de grand chemin, aux voleurs avec effraction, aux voleurs même sans effraction dans les maisons royales.

D'autres coutumes ou édits royaux punissaient le vol de l'emprisonnement, des galères, de la marque. Leurs dispositions, qui étaient un adoucissement apporté aux lois antérieures, étaient cependant bien rigoureuses encore, si on les compare aux lois qui nous régissent le ; Code Pénal du 25 septembre 1791 d'abord, puis la loi modificative du 25 frimaire An vii, les adoucirent considérablement : ils firent presque toujours consister la peine du vol dans un emprisonnement dont la durée était proportionnée à la gravité du délit ; ce ne fut que dans des cas exceptionnels et très rares que la peine de mort fut édictée contre le voleur.

(1) Rousseau de la Combe, p. 65.

Le Code de 1810 maintint encore la peine de mort dans quelques hypothèses particulières ; mais les lois du 25 juin 1825 et du 28 avril 1882 la supprimèrent complétement. Sous l'empire de ces lois la peine infligée au voleur est tantôt celle de l'emprisonnement, tantôt celle des travaux forcés ou de la réclusion. L'intensité du châtiment est proportionnée à la criminalité du fait punissable, à la culpabilité de l'agent ; cette proportion est le but vers lequel doit toujours tendre une bonne législation. A part l'injustice qu'il y a à punir trop sévèrement l'auteur d'un délit, il en résulte encore inconvénient et danger pour la société toute entière. En effet, celui qui commet un crime doit toujours être intéressé à s'arrêter dans son exécution ; le voleur, par exemple, doit avoir avantage à ne commettre qu'un vol ; si la peine qu'on lui fait subir est la même que celle de l'assassin, il ne se contentera pas de voler, il tuera, car il augmentera ainsi ses chances d'impunité. Nous verrons comment ce problème a été résolu par les lois qui nous régissent. Toutefois, avant d'aborder cette matière, nous allons examiner quels sont en Droit français les caractères constitutifs du vol, et nous comparerons à la définition romaine celle que donne notre article 379.

CHAPITRE PREMIER.

DES CARACTÈRES CONSTITUTIFS DU VOL.

2. Les lois romaines contenaient plusieurs définitions du vol ; celle des Institutes n'était pas la même que celle que le jurisconsulte Paul avait adoptée dans ses Sentences ; nous avons vu en quoi elles différaient et nous y

avons attaché peu d'importance, car il est probable qu'elles ne proviennent que des altérations que subit le manuscrit de Paul chez les nations barbares qui nous le transmirent. Les coutumes adoptèrent presque généralement celle de Justinien ; cependant, s'il faut en croire Jousse, dans son Traité de la justice criminelle, on avait reconnu que cette définition était beaucoup trop large ; ainsi, elle qualifiait de voleur celui qui s'introduisait dans une maison pour y dérober une chose quelconque, et elle appelait voleur aussi celui qui abusait de la confiance qui lui avait été donnée et se servait, dans son intérêt personnel, de la chose qu'on avait déposée chez lui. Les commentateurs blâmaient cette assimilation et trouvaient que dans les deux cas la culpabilité de l'agent différait profondément ; dans le premier, il y avait une perversité et une audace évidentes ; dans le second, il y avait plus de faiblesse que d'immoralité. Aussi avait-on fini par ranger ce que nous appelons l'abus de confiance parmi les *dols réels*, qui ne donnaient lieu qu'à des dommages-intérêts (1).

Le droit canonique, au contraire, avait adopté la définition des Sentences de Paul, il l'exprimait ainsi : *furti nomine intelligitur omnis illicita usurpatio rei alienæ* (2).

§ 1er. — Caractères constitutifs du vol.

L'art. 370 du Code pénal de 1810 porte : *quiconque soustrait frauduleusement une chose qui ne lui appartient pas est coupable de vol.*

D'après cela, nous pouvons dire que pour qu'il y ait vol en Droit français, il faut la réunion de trois circons-

(1) Jousse, 4, 179.
(2) Decret. Grat., *pars sec.*, causa 14, quest. 3, § 13.

6

lances; il faut qu'il y ait 1° *soustraction*, 2° *intention frau-*
duleuse, 3° enlèvement d'une chose appartenant à autrui.

3. Et d'abord, qu'entend-on dans notre législation
par ce mot *soustraction*? Est-il exactement la traduction
du mot latin *contrectatio*? Nous n'hésitons pas à répondre négativement, et c'est surtout dans l'interprétation
de cette expression que repose la différence profonde
qui existe entre notre définition et celle du Digeste. En
Droit romain, pour qu'il y eût *contrectatio*, il n'était pas
indispensable que la chose fût physiquement enlevée, il
suffisait qu'elle fût détournée de la destination qu'elle
devait avoir; si, par exemple, un dépositaire se servait
de la chose qui lui avait été confiée, si un commodataire
employait la chose qu'on lui avait prêtée à un usage différent de celui auquel elle était destinée, le vol existait
dans les deux cas. Que de semblables faits se produisent
chez nous, il y aura délit, délit punissable, mais pas
vol. Pour que le vol existe et que l'on puisse appliquer au
voleur les peines qui sont prononcées contre lui, il faut
qu'il y ait enlèvement; comme le dit Jousse, tant que
la chose n'a pas été enlevée, le voleur eût-il commencé
à la saisir, le vol n'existe pas. Il est vrai que, dans ce
cas, et par une conséquence des règles de notre Code
sur la tentative, il pourrait y avoir lieu à l'application
des peines du vol, mais ce n'est là que le résultat d'une
fiction de la loi, qui regarde comme accompli un fait qui
n'est que commencé, et il ne faut pas en induire qu'elle
y voie réellement un vol consommé. Du reste, pas plus
dans nos lois que dans le Droit romain, la seule pensée
de commettre un délit n'est punissable.

On comprend, dès-lors, pourquoi les peines du vol
ne peuvent être appliquées dans les espèces que nous

cttions plus haut; lorsqu'un dépositaire se sert de la chose déposée, lorsqu'un emprunteur emploie la chose prêtée à d'autres usages que ceux pour lesquels on la lui a prêtée ou louée, ils abusent de la confiance qu'on leur a témoignée; mais la chose a été volontairement remise entre leurs mains par le propriétaire, il n'y a donc pas eu enlèvement, soustraction.

En un mot, pour que l'on puisse reconnaître cette *contrectatio* en Droit français, il faut que l'objet volé change de possesseur, qu'il passe des mains du légitime propriétaire dans celles du voleur, et que ce déplacement ait lieu à l'insu ou contre le gré du premier. Telle est, en effet, la jurisprudence admise (1).

Toutefois, bien qu'en principe celui qui emploie à son usage le dépôt qui lui a été confié ne commette pas un vol, il faudrait admettre une exception dans le cas où il n'a pu se servir de la chose déposée qu'en opérant le déplacement exigé par la loi; ainsi, une personne partant pour un long voyage confie à quelqu'un une somme d'argent, cette somme est enfermée dans un meuble dont elle emporte la clef; pendant son absence, le dépositaire parvient à ouvrir le meuble et s'empare de l'argent qu'il emploie à son usage; il y aura vol dans cette hypothèse, car tous les caractères de l'enlèvement se trouvent bien réunis.

4. En Droit romain, le sens du mot *contrectatio* était beaucoup plus large, aussi la distinction que le Digeste avait consacrée entre les meubles et les immeubles, relativement au vol, était une exception que les jurisconsultes romains n'avaient pas toujours admise (2). Chez

---

(1) Cass. 20 nov. 1835, 18 nov. 1837.
(2) Galus ii, 51.

nous, c'est par une conséquence immédiate de la définition que l'on ne peut voler un immeuble, l'immeuble est une chose qui ne peut être déplacée, qui ne peut, par suite, faire l'objet d'un vol. Il peut y avoir, à la vérité, occupation d'un immeuble par violence, par dol, cette usurpation est prévue et punie par des lois spéciales, mais elle ne constitue pas un vol.

Pas plus qu'en Droit romain, on ne peut voler une chose incorporelle, une créance, un droit d'usufruit, de servitude; il peut y avoir soustraction frauduleuse d'un titre; mais alors ce n'est pas la créance, le droit lui-même qui sont soustraits, c'est uniquement l'écrit qui les constate.

5. Cette soustraction peut-elle être effacée, peut-elle disparaître sous l'influence d'un acte postérieur? En principe, cette question doit être résolue négativement : qu'un voleur repentant vienne restituer au propriétaire l'objet qu'il lui a volé, il n'en pourra pas moins être poursuivi et puni; le fait existe, le scandale a été fait, la société a été troublée, une réparation est nécessaire. Cependant, lorsque spontanément, et avant toute poursuite, le coupable expie sa faute, lorsque de lui-même il rapporte au propriétaire l'objet qu'il lui avait dérobé, il y aurait cruauté à intenter une action contre lui, le ministère public doit fermer les yeux et se garder de réclamer l'application d'une peine dont le but est rempli d'avance. Nous n'ajoutons pas qu'il en serait autrement si la restitution, au lieu d'être spontanée, n'était que le résultat de la crainte et était occasionnée par des menaces et des poursuites criminelles.

6. Enfin, on ne peut qualifier de voleur celui qui s'empare d'une chose après avoir obtenu du propriétaire

son consentement. En effet, soustraire c'est dérober,
c'est enlever un objet à l'insu ou contre le gré de celui
auquel il appartient ; il n'y a donc plus de soustraction,
plus de vol possible dès que le propriétaire a donné son
consentement, pourvu toutefois que le voleur en eût
connaissance. Ce consentement peut avoir été spontané
ou bien extorqué par ruse. Nous aurons à voir si dans
le premier cas il enlève toute criminalité et fait disparaître l'*intention frauduleuse*. Quant à la seconde hypothèse,
celle où le propriétaire, trompé par des manœuvres coupables, a consenti à l'enlèvement de ce qui lui appartenait, elle exclut toute idée de vol ; il y a dans ce cas un
délit d'un autre genre, un délit prévu et puni par nos lois
pénales et qu'elles nomment *escroquerie* ; celui, par exemple, qui se fait livrer par un créancier des billets qui lui
ont été souscrits par des tiers, sous prétexte d'en obtenir
le paiement, celui-là n'est pas un voleur, c'est un escroc ;
nous en dirons autant de celui qui se fait délivrer des
marchandises en promettant qu'il les paiera le lendemain
et qui disparaît avec elles.

Si, au lieu de la ruse, le malfaiteur avait employé la
violence, si, le pistolet sur la gorge de sa victime, il l'avait
forcée de consentir à l'enlèvement de ce qui lui appartenait, il n'y aurait plus escroquerie, mais bien vol ; en
effet, lorsque le consentement est extorqué par force,
c'est comme s'il n'existait pas ; c'est là une règle qui
reçoit son application dans un grand nombre de cas, et
qui a été consacrée par nos lois civiles.

7. Nous arrivons à la seconde partie de notre définition : pour qu'il y ait vol en Droit français il est nécessaire qu'il y ait *intention frauduleuse* de la part de l'auteur du délit.

Remarquons en passant que notre loi pénale s'est montrée moins rigoureuse ici qu'en matière de meurtre ; en effet, lorsqu'un homicide a été commis *volontairement*, elle le qualifie de meurtre et le punit des travaux forcés à perpétuité (C. P., 205 et 304). Ici elle n'exige que *la volonté* ; tandis qu'en matière de vol il faut de plus qu'il y ait *intention frauduleuse*. La raison de cette différence est facile à donner ; la vie d'une personne est plus sacrée encore que sa propriété ; la moindre lésion de sa personne doit être punie du moment où il y a eu volonté de la part de l'auteur du fait. C'est, du reste, là une exception, et la règle générale qui ressort évidemment de tout le Code Pénal est que, dans tous les cas, pour qu'un délit soit punissable, il faut que l'intention frauduleuse existe ; sans dol ou méchanceté, pas de punition possible. Le législateur aurait pu se dispenser de reproduire dans notre article 370 le principe général ; il l'a fait afin de prévenir d'autant plus sûrement les méprises ; car il peut arriver fréquemment dans les circonstances ordinaires de la vie qu'une chose soit enlevée sans qu'il y ait, de la part de l'agent, intention criminelle ; il serait imprudent et injuste de punir comme vol l'enlèvement d'une chose fait par plaisanterie ou par inadvertance.

8. La *fraude* consiste dans l'intention où est le voleur de dépouiller quelqu'un ; elle existe dès qu'il a su qu'il nuisait à quelqu'un, qu'il ait eu ou non le projet de profiter de l'action coupable qu'il commettait.

Ainsi on ne peut appeler voleur celui qui enlève une chose dans la ferme conviction où il est qu'elle lui appartient ; on ne peut, par exemple, qualifier de voleur le créancier qui s'empare de la chose de son débiteur, dans la persuasion qu'il a le droit de se payer ainsi. C'est dans

ce sens que la loi romaine disait : *is solus fur est qui ad-*
treclavit quod invito domino se facere sciveit (1).

Réciproquement , on doit déclarer voleur celui qui
enlève une chose sachant bien qu'il commet un vol ; et
cela quand même le propriétaire, témoin de l'enlèvement
de sa propre chose, ne l'aurait pas empêché. C'est là un
point incontestable, et nous avons vu qu'il en était ainsi
déjà en Droit romain ; c'est qu'en effet , que le propriétaire consente ou non , il y a de la part de l'auteur du
délit la même culpabilité, et quand même le propriétaire
a ainsi l'intention de céder sa chose au voleur , cette
intention subite ne peut lui en transférer la propriété ;
l'existence d'un délit est indépendante de tout préjudice
causé, et la volonté du propriétaire ne peut faire disparaître le délit qui a été consommé. Y eut-il même de sa
part donation de l'objet volé , elle n'aurait d'autre but
que d'éteindre l'action civile qu'il était en droit d'intenter. Quant à l'action publique , cette action qui , chez
nous, correspond jusqu'à un certain point à l'action *furti*
des Romains, elle ne s'éteindrait pas ; le vol est un délit
public , et, du moment où il existe , le ministère public
peut et doit, au nom de la société , en poursuivre la
répression.

Toutefois, si cette donation était antérieure à la soustraction frauduleuse et qu'elle fut prouvée , les deux
actions seraient éteintes et toute poursuite devrait cesser.

9. L'intention frauduleuse n'existe pas non plus de la part
de celui qui ramasse une chose avec le désir de la rendre
au propriétaire dès qu'il la réclamera, il est évident qu'il
n'y a rien à lui reprocher. Mais doit-on en dire autant

(1) Dig. 47, 2, l. 46, § 7.

de celui qui s'empare d'une chose dont la propriété lui est contestée ? C'est là un point qu'on ne peut résoudre d'une manière absolue. La question de fraude est une question de fait, une question qui doit se décider d'après les circonstances, et pour laquelle, le jury dans certains cas, les juges dans d'autres, ont seuls le pouvoir d'appréciation suivant les faits qui leur sont révélés. Il peut se faire, par exemple, dans l'hypothèse dont nous parlons, que celui qui enlève la chose soit intimement convaincu qu'elle lui appartient ; il peut se faire que son adversaire ait voulu le troubler dans sa possession et lui susciter des embarras, et dans ce cas il n'y aurait de la part du premier qu'une simple voie de fait pouvant, dans certains cas, donner ouverture à une condamnation de simple police (1). Au contraire, il peut arriver que le demandeur connaisse parfaitement l'injustice de ses prétentions et s'attende à l'issue du procès qu'il a suscité lui-même. Il peut arriver que dans cette conviction il s'empare de la chose litigieuse ; il est évident qu'alors il y a fraude de sa part et qu'on peut le poursuivre comme auteur d'un vol.

La distinction que nous venons de faire peut s'appliquer également dans le cas où un débiteur est volé par son créancier. Qu'un individu, ignorant des règles du droit, s'empare des biens de son débiteur, il pourra fort bien arriver qu'il n'y ait de sa part aucune intention frauduleuse ; son action sera répréhensible, il est vrai, car il a agi contrairement au droit, il pourra être condamné à des dommages-intérêts, mais en définitive ce ne sera pas un voleur. Au contraire, supposons que tout créancier qu'il est, il ait eu uniquement en vue de sous-

(1) Arr. Cass. 17 oct. 1806.

traire à son débiteur un objet qui lui appartenait ; dans ce cas, il aura commis un vol et sa créance ne pourra plus lui servir d'excuse.

En Droit romain, lorsqu'un propriétaire enlevait sa propre chose à celui qui la possédait, il n'était pas punissable : *qui imprudens juris, eo ânimo rapuerit, quasi domino liceat etiam per vim rem auferre a possessoribus, absolvi debet ; cui scilicet conveniens est nec furti teneri eum, qui eôdem hoc animo rapuit* (1). On supposait ainsi qu'il n'y avait pas intention frauduleuse chez le propriétaire, du moment où il avait enlevé sa propre chose. Telle est aussi l'opinion à peu près invariable de la jurisprudence française.

10. Pour que l'intention frauduleuse existe, faut-il qu'il y ait, comme en Droit romain, *animus lucri faciendi ?*

Nos lois n'en parlent pas et on ne peut l'induire par analogie des termes de l'article 379. C'était une règle bizarre et dont les conséquences étaient souvent singulières, que celle d'exiger que le voleur profitât du vol qu'il avait commis. Qu'importe, en effet, à la criminalité de l'acte que l'agent qui le commet soit poussé par le désir de s'enrichir aux dépens d'autrui, ou qu'il n'obéisse qu'à des instincts de vengeance ou de haine, ou même à la seule idée de porter préjudice ? Certes, dans tous ces cas, il est aussi coupable aux yeux de la morale, et la société mérite une égale protection. Celui qui brûle la chose qu'il a volée est aussi coupable que celui qui la vend. Il en est de même encore de celui qui la donne ou en fait aumône ; c'est ce que décidaient les jurisconsultes

(1) Inst. iv, 2, § 1. Dig. 17, 8, 1, 2, § 18.

romains; c'est à plus forte raison la solution que nous devons admettre.

En un mot, quelque soit le mobile qui ait poussé une personne à commettre un vol, le délit existe, la peine doit être appliquée, sauf, bien entendu, le pouvoir d'appréciation qui est laissé aux juges.

Du reste, la modicité de l'objet volé n'influe en rien sur le délit, et peut tout au plus motiver l'admission de circonstances atténuantes.

Maintenant, d'après les caractères auxquels nous venons de voir qu'on pouvait reconnaître la fraude, devrons-nous conclure qu'on doive excuser le vol de certains objets de première nécessité, sous prétexte que la faim, le froid, par exemple, sont une garantie contre l'intention frauduleuse? Cette question était résolue affirmativement par quelques criminalistes anciens; ils fondaient leur solution sur une fiction : l'agent pressé par le besoin, disaient-ils, avait dû se croire autorisé par le propriétaire; tel était l'avis de Tiraqueau, de Farinacius; il a été reproduit par un auteur moderne (1), qui lui a donné pour raison que la faim ou le froid sont comme des cas de force majeure; ce motif serait peut-être plus admissible que le premier; néanmoins, ni l'un ni l'autre ne peuvent être pris en considération, et la faim pas plus que le froid, ne peuvent justifier un délit et empêcher le voleur d'être poursuivi; un besoin, si

_____

(1) Bourguon de Laire, page 79. La loi canonique avait aussi admis ce principe, elle portait : *Disciplos dum per segetes transeundo vellerent spicas et ederent, ipsius Christi vox innocentes vocat, quia coact fame hoc fecerint*, d'où elle tirait la règle générale : *quod enim non est licitum in lege, necessitas facit licitum.*

(Decret. Gratiani, 3e part., *de conser.*, dist. 5, ca. 20.)

pressant qu'il soit, ne prive pas complétement l'homme de sa raison, n'étouffe pas en lui le sens moral qui lui défend de porter atteinte à la propriété d'autrui, et dès lors laisse subsister en lui la conviction qu'il fait une mauvaise action.

Toutefois, la position de l'agent, les circonstances particulières du fait punissable, peuvent, sinon légitimer sa conduite, au moins atténuer sa culpabilité, et les juges peuvent, suivant les limites qui leur sont tracées, admettre le bénéfice des circonstances atténuantes et adoucir la peine qu'ils ont à infliger. Cette doctrine est, du reste, celle qu'enseignaient Mathæus et Voët, *de furtis*, § 8.

11. Nous avons dit que l'absence d'intention frauduleuse empêchait de poursuivre comme voleur celui qui ramassait une chose perdue dans l'idée de la rendre au propriétaire qui la réclamait. Tel est, en effet, l'avis de la jurisprudence française, conforme en cela à celui des jurisconsultes romains. La conséquence de cette règle est que si la personne dont nous parlons n'a pas le projet de rendre au propriétaire la chose qu'elle a trouvée, si elle veut se l'approprier, le vol existe et peut être incriminé. Remarquons, cependant, que si la loi pénale peut être appliquée dans cette hypothèse, elle doit l'être avec ménagement; c'est user de sévérité que d'appliquer la peine du vol à celui qui trouve une chose et se l'approprie; il y a dans ce fait un acte répréhensible, c'est incontestable; mais la culpabilité y est bien moins grande que celle du voleur véritable; il y a loin de celui qui ramasse l'objet que le hasard a fait tomber sous ses pas à celui qui médite un acte coupable, qui épie le moment

où il pourra l'accomplir, et ne recule pas devant les conséquences qui peuvent en résulter.

12. L'intention frauduleuse doit-elle nécessairement
coïncider avec la soustraction? C'est là une question que
la loi romaine n'avait pas prévue, l'ancienne jurisprudence lui donnait une solution négative; la coutume de
Bretagne contient à cet égard une disposition précise (1);
et cet avis paraît assez équitable, car, peu importe pour
la culpabilité de l'agent que l'intention frauduleuse ait
accompagné ou suivi l'appréhension; il n'y a pas là un
fait de nature à influer sur l'immoralité de l'acte. Cependant, nous ne pouvons admettre aujourd'hui la même
solution. Les dispositions de la loi pénale sont de droit
strict et l'on ne peut les étendre par analogie; du moment où le législateur a exigé la *soustraction frauduleuse*,
il a voulu qu'il y ait à la fois *soustraction* et *fraude*, qu'elles existent au moment du délit et en même temps; dès
que l'une d'elles manque, le vol ne peut donc plus exister. Ainsi, qu'une personne enlève un objet dans la persuasion qu'il lui appartient, que plus tard, sur les réclamations du propriétaire, elle refuse de le lui rendre,
bien qu'alors sa bonne foi ait complètement cessé, l'art.
379 ne sera pas applicable (2).

Maintenant, comment savoir à quelle époque a commencé la fraude? c'est là un point de fait souvent difficile
à résoudre, et dans l'appréciation duquel il faudra tenir
compte des faits qui ont accompagné ou suivi l'appréhension.

13. Ainsi que nous l'avons vu, le Digeste n'exigeait
pas que la chose soustraite appartînt à autrui, il en ré-

(1) Coutumier général, IV, p. 401, art. 629.
(2) Arr. Cass. 2 septembre 1830, 26 mars 1836.

sultait qu'on pouvait voler sa propre chose. Il existe encore ici une différence profonde entre le Droit romain et le nôtre.

Dans notre législation, toutes choses sont susceptibles d'être volées, du moment où elles appartiennent à quelqu'un ; ainsi, dès que le chasseur a fait tomber une pièce de gibier, qu'il se l'est appropriée, celui qui la lui enlèverait se rendrait coupable de vol. Mais l'on ne peut, en aucun cas, voler sa propre chose ; celui qui s'introduit chez un horloger et y dérobe la montre qu'il lui avait confiée n'est pas un voleur ; il en serait de même d'une personne qui volerait celui dont elle doit hériter, si, au moment du vol, la mort du *de cujus* l'avait déjà rendue héritière.

14. Ne faut-il pas cependant faire ici une restriction et dire que l'on peut, comme en Droit romain, voler l'usage ou la possession d'une chose, bien qu'on en soit propriétaire ; cela nous amènerait à reconnaître le vol du gage de la part du débiteur ? Cette solution n'est pas admissible, et l'on ne peut appliquer l'art. 379 au débiteur qui vole le gage qu'il avait donné à son créancier. En effet, il n'y a pas réellement soustraction ; le déplacement existe, mais il n'anéantit, ni le gage dont l'objet livré est affecté, ni la créance dont il doit assurer l'exécution ; le vol ne peut donc exister (1). Les anciens auteurs étaient, du reste, de cet avis, ils accordaient au créancier une action civile contre le débiteur qui l'avait privé de son gage, mais ils refusaient l'action publique (2). Par le mot *chose*, disaient-ils, on n'entend que la chose elle-même, l'usage et la possession n'y

(1) Arr. Cass. 29 octobre 1812.
(2) Voët, Grœneweghen.

rentrent pas. Donc, pour qu'ils puissent être volés, il faudrait que notre Code l'eût spécialement indiqué, comme l'avait fait la loi romaine.

D'ailleurs, le mot *contrectatio* indique un maniement, un déplacement qui ne peut avoir lieu pour une chose incorporelle, un droit.

La soustraction, l'enlèvement du gage de la part du débiteur au créancier, entraînera souvent, il faut le reconnaître, la perte du droit de gage; mais ce n'est certes pas là un motif pour faire sortir hors de ses termes une disposition de droit strict, pour étendre l'expression d'un acte purement matériel aux conséquences métaphysiques que cet acte peut entraîner.

On objecte à cela la loi du 28 avril 1832, modificative de l'art. 400 du Code Pénal, aux termes de laquelle le saisi qui aura détruit, détourné ou tenté de détourner des objets saisis sur lui, sera puni des peines portées en l'art. 406, si ces objets ont été confiés à sa garde; de celles de l'art. 401, si ces objets ont été confiés à un tiers. Cette loi assimile ainsi ce genre de détournement au vol simple; et comme en principe la saisie n'enlève pas au débiteur la propriété des objets qui lui ont été saisis, on en conclut que la loi n'a pas exigé, pour qu'il y ait vol, que la chose appartînt à autrui.

Cette conclusion n'est pas juste, et si le législateur a fait une disposition spéciale, c'est que dans son opinion la règle qu'il posait ne pouvait se déduire de la définition générale, et qu'elle avait besoin d'être clairement énoncée, pour que le fait dont nous parlons pût être puni. Telle est, du reste, l'opinion qui, depuis longtemps, était adoptée par la Cour de Cassation, et qui a été formellement reconnue lors de la discussion de la loi.

Si l'on ne peut poursuivre comme voleur le propriétaire d'une chose lorsqu'il la dérobe, cependant on ne
doit pas appliquer cette règle lorsque la propriété de la
chose dérobée avait été assurée par lui à celui qui en
avait été possesseur. Celui, par exemple, qui enlèvera
les fruits du fonds qu'il a affermé à un tiers, sera un
voleur, car le bail est une aliénation des fruits à venir.

15. En Droit romain, les choses héréditaires ne pouvaient être volées, l'action *furti* ne pouvait être intentée;
seulement, en certains cas, on avait l'action *expilatæ
hæreditatis* (1).

Ces principes furent à peu près consacrés par l'ancien
droit; cependant on permit de poursuivre criminelle-
ment celui qui s'emparait d'un objet d'une succession à
laquelle il n'avait aucun droit. Quant à la femme et au
cohéritier, Jousse (2) rapporte que dans le cas où ils
détournaient une chose de la succession, la peine était,
contre la femme, d'être privée de son droit d'option et
considérée comme acceptante, contre l'héritier, d'être
déclaré pur et simple et d'être privé de tout droit dans la
chose ainsi soustraite. Telles furent aussi les règles qu'a-
dopta un décret de la Convention du 3 messidor, An II.

Doit-on encore résoudre la question dans le même
sens en présence de la définition du Code Pénal, telle est
la difficulté qui se présente. Un auteur a soutenu l'affirmative, il a prétendu qu'on ne pouvait voir dans le
détournement fait par l'héritier les caractères du vol,
parce qu'il n'y avait pas chose d'autrui. C'est là une
erreur : lorsqu'un héritier s'empare d'un objet dépen-
dant d'une succession à laquelle il est appelé pour par-

(1) Dig. 47, 19.
(2) Jousse, t. IV, p. 193.

lie, il commet une soustraction frauduleuse d'une chose d'autrui ; il a une partie de ce qu'il dérobe ; c'est vrai, mais tout ne lui appartient pas ; il est donc voleur au moins pour partie, il doit donc être poursuivi. La loi n'admet pas d'exception, il n'est donc pas permis d'en créer une. Mais, dit-on, cette exception existe, l'art. 380 la consacre; c'est encore là une erreur ; le cas prévu par cet article est tout différent de celui qui nous occupe, il ne parle que du vol commis par un ascendant, un descendant ou l'époux de celui qui en est victime ; la règle de convenance que pose cet article n'est, du reste, elle-même, qu'une exception aux principes généraux, et comme telle on ne peut l'étendre hors des cas qu'elle prévoit. Quant aux théories de l'ancien droit, elles n'ont aucune force en présence des dispositions précises du Code Pénal.

L'objection la plus sérieuse que l'on oppose à la solution que nous venons de donner, est tirée des art. 792 et 801 du Code Napoléon. Ces articles déclarent héritier pur et simple celui qui a diverti ou recelé quelque objet d'une succession à laquelle il était appelé; c'est là, dit-on, une peine infligée aux coupables par la loi; or, le législateur ne peut avoir eu l'intention d'infliger dans ce cas deux peines pour le même fait, donc les art. 379 et suivants du Code pénal ne sont pas applicables dans cette hypothèse. Ce raisonnement n'est pas juste; le Code Napoléon n'a d'autre but que de forcer l'héritier receleur à une restitution; la peine qu'il prononce est purement civile, c'est à titre de dommages-intérêts que l'héritier se trouve déchu de la faculté d'accepter bénéficiairement.

L'action publique et l'action civile sont parfaitement

indépendantes, et les principes du Code Napoléon, en ce qui concerne la première, n'apportent aucune modification aux règles que le Code pénal trace pour la seconde.

16. Le motif qui fait déclarer coupable de vol l'héritier qui soustrait un objet de la succession doit avoir la même conséquence vis à vis de l'associé qui dérobe un objet de la société, et l'on peut, dans ce cas, appliquer l'art. 379 du Code pénal. Qu'importe, en effet, que la chose volée ne soit en rien la propriété du voleur ou qu'elle le soit pour partie; n'y a-t-il pas dans les deux cas le même fait coupable. Cela est évident, et les Romains qui, par des motifs particuliers, refusaient l'action *furti* contre l'héritier, l'accordaient contre l'associé.

17. Nous venons de voir à quels caractères le vol pouvait être reconnu, il nous reste, pour terminer cette matière, à parler d'une exception que nous avons déjà signalée et qui est posée par l'art. 380. Aux termes de cet article « les soustractions commises par des maris au préjudice de leurs femmes, par des femmes au préjudice de leurs maris, par un veuf ou une veuve au préjudice de l'époux décédé, par des enfants ou autres descendants au préjudice de leurs pères ou mères ou autres ascendants, par des pères et mères ou autres ascendants au préjudice de leurs enfants ou autres descendants, ou par des alliés au même degré, ne peuvent donner lieu qu'à des réparations civiles. »

En Droit romain, nous avons eu à signaler à peu près la même exception, et nous avons dit, avec le Digeste, qu'en pareil cas la loi naturelle s'opposait à l'exercice de l'action pénale. Ce sont aussi les mêmes motifs qui ont fait placer cette disposition dans notre Code; les paroles qui furent prononcées lors de la discussion de ses articles

7

ne laissent pas de doute à cet égard. « Les rapports entre
» ces personnes, disait l'orateur du gouvernement, sont
» trop intimes pour qu'il convienne, à l'occasion d'inté-
» rêts pécuniaires, de charger le ministère public de scru-
» ter les secrets de famille qui, peut-être, ne devraient
» jamais être dévoilés, pour qu'il ne soit pas extrême-
» ment dangereux qu'une accusation puisse être pour-
» suivie dans des affaires où la ligne qui sépare le man-
» que de délicatesse du véritable délit, est souvent très
» difficile à saisir; enfin, pour que le ministère public
» puisse provoquer des peines dont l'effet ne se borne-
» rait pas à jeter la consternation parmi tous les mem-
» bres de la famille, mais qui pourraient encore être une
» source éternelle de divisions et de haines (1). »

Du reste, comme le fait observer M. Faure, le silence
du ministère public ne peut en rien préjudicier à la partie lésée, il ne peut que lui être utile, puisque son action
civile lui est réservée, et qu'elle n'a point à craindre, en
la formant, que ses répétitions ne soient absorbées par
les frais privilégiés d'une procédure criminelle.

L'art. 380 fait naître une question dont la solution
entraîne des conséquences importantes, c'est celle de savoir si, dans les cas qu'il prévoit, le délit existe réellement, mais ne peut être réprimé pour les motifs que
nous avons énumérés, ou s'il n'existe pas, parce que le
fait incriminé n'a pu lui donner naissance. La Cour de
Cassation l'a résolue dans le premier sens. Tel n'est pas
notre avis, nous croyons que dans cette hypothèse le vol
n'existe pas. La loi, en admettant l'exception, a reconnu
aux personnes dont elle parle une sorte de copropriété

(1) Locré, 31, p. 141.

sur les biens de la famille; cette copropriété exerce nécessairement une influence sur le fait même de la soustraction et le dénature, la définition du vol n'est plus
applicable ; la criminalité du fait coupable s'affaiblit à
raison de cette espèce de communauté qui sépare avec
moins de précision les droits de chacun; cet affaiblisse-
ment se fonde moins sur des convenances sociales que
sur une modification des caractères même du fait : *ne cum
filio familias pater furti agere possit, non juris constitutio
sed natura rei impedimento est* (1). Ces idées, consacrées
par le Droit romain, étaient admises aussi par l'ancienne
jurisprudence.

D'un autre côté, si le législateur de 1810 avait vu dans
les faits qu'il condamnait de véritables *vols,* pourquoi ne
pas employer ce terme, pourquoi se servir du mot *soustractions,* expression inusitée et qu'on ne retrouve dans
aucun article comme synonime de *vol.*

Enfin, si à ses yeux les soustractions dont il parlait
avaient été des vols véritables, pourquoi formuler le
deuxième alinéa de l'art. 380? pourquoi prononcer contre les receleurs une peine particulière, s'ils avaient été
compris dans la règle générale?

Certes, ces arguments semblent assez puissants pour
faire triompher l'opinion que nous venons d'admettre
avec la jurisprudence presque constante des arrêts.

Quant aux conséquences de cette solution, il en résulte d'abord que, dans le cas où le délit prévu par
l'art. 380 aura accompagné un meurtre, la peine prononcée contre le meurtrier ne pourra être aggravée,
l'art. 304 ne pourra recevoir son application. En second

(1) Dig. 1. 16, *de furtis.*

lieu, si le vol n'existe pas, les complices ne pourront
être poursuivis et punis, car, du moment où on reconnaît qu'il n'y a pas délit, la conséquence doit être la
même pour les complices que pour l'auteur principal.

18. Nous devons ajouter que, ce principe reconnu, il
faut l'appliquer à l'escroquerie et à l'abus de confiance ;
ces deux espèces de délit ne rentrent pas dans la catégorie
des vols, nous l'avons vu, et la disposition de l'art. 380, spécialement écrite pour cette matière, devrait peut-être y être
circonscrite ; cependant, le mot *soustractions* est général,
et puis les motifs qui font excuser certains vols sont bien
plus forts lorsqu'il s'agit d'abus de confiance ou d'escroquerie ; c'est alors que le caractère même de ces délits
rend plus difficile à saisir la nuance qui les sépare d'un
simple manque de délicatesse. Du reste, la discussion
qui eut lieu au Corps législatif prouve que telle a été
l'intention du législateur.

§ 2. Des différentes sortes de vols et des circonstances aggravantes.

19. La classe des délits qu'on appelle vols en Droit
français est infiniment plus restreinte que celle des *furta*
chez les Romains; nous en avons vu la raison : c'est une
conséquence de la différence des définitions que donnent
du vol les deux législations. Lorsque l'on compare les
distinctions qu'elles ont établies entre les vols, on remarque une différence plus profonde encore ; le Droit romain divisait les voleurs en *manifestes* et *non manifestes*, et
il se fondait, pour cela, sur des circonstances particulières, accidentelles, qui avaient accompagné le délit et en
avaient facilité la découverte ; le voleur était intéressé
à rester inconnu, au moins jusqu'à ce qu'il eut mis la

chose volée en lieu sûr, et à empêcher par tous les moyens possibles, même par un crime, qu'on ne parvint à le surprendre. Ces motifs de différence, qui influaient beaucoup sur le genre de châtiment, étaient assez peu équitables; aussi ne sont-ils pas passés dans notre législation.

La distinction que fait nos lois se fonde sur la différence de pénalité ; elle divise les vols en *vols simples* et *vols qualifiés*, suivant que la peine qu'ils font encourir est ou n'est pas afflictive et infamante ; et cette pénalité varie, non plus comme à Rome, d'après des circonstances indépendantes de la volonté de celui qui commet le délit, mais d'après des faits qui indiquent chez lui un degré d'audace plus ou moins grand, un degré de perversité plus ou moins enraciné.

20. Lorsque ces faits particuliers, que nous examinerons, n'ont pas accompagné le délit, il y a ce que nos lois appellent un *vol simple*, et la peine qu'elles prononcent dans ce cas, est comprise entre des limites qui permettent aux juges de la proportionner à la culpabilité de l'agent, d'après les circonstances qui, sans être prévues par le législateur, peuvent cependant indiquer chez le voleur plus ou moins d'audace ou de perversité. La peine que prononce l'art. 401 est celle de l'emprisonnement d'un an au moins, de cinq ans au plus, et d'une amende de 16 fr. au moins et de 50 fr. au plus. Cette amende est facultative, et le juge peut s'abstenir de la prononcer. En outre, les coupables peuvent être interdits, pendant cinq ans au moins, dix ans au plus, à compter du jour où ils auront subi leur peine, des droits mentionnés en l'art. 42 du Code Pénal, c'est à dire des droits d'élection, d'éligibilité, de port d'armes, de vote et de suffrage dans les assem—

blées de famille, du droit d'être expert, témoin, fonctionnaire public, etc. Enfin, ils peuvent être mis, pendant le même laps de temps, sous la surveillance de la haute police. Il est inutile, du reste, de faire remarquer qu'outre les peines prononcées par le Code Pénal, il résulte pour le voleur certaines incapacités créées par des lois successives et spéciales. Nous n'ajoutons pas non plus que ces peines peuvent être modifiées par l'application du bénéfice des circonstances atténuantes, conformément aux dispositions de l'art. 463; c'est là une heureuse innovation qui fut érigée en règle générale par la loi de 1832, et qui n'est que le complément de l'introduction du maximum et du minimum dans nos lois.

21. Lorsque l'on étudie l'histoire des Législations, on est frappé de voir combien de temps il a fallu aux jurisconsultes des diverses époques avant d'arriver à des règles si simples et si équitables. A Rome, la loi pénale fixe, invariable, frappait le coupable d'une peine sévère, elle le frappait quelque fut son degré de culpabilité; il y avait là un vice profond, mais qui se trouvait en rapport avec ce formalisme romain si inflexible, si dur quelquefois. Notre ancien Droit changea cette législation, mais il lui en substitua une toute opposée : la peine, au lieu d'être invariable, fut arbitraire, sinon complètement, au moins en grande partie; de là une grande inégalité dans les châtiments, et des injustices fréquentes. Cet arbitraire fut encore réformé, et le Code de 1791 revint au système romain; il prévit un grand nombre de cas, édicta des peines spéciales pour chacun d'eux, et renferma le juge dans des limites excessivement étroites. Cette fixité des châtiments, en même temps que la sévérité trop grande qu'avait déployée le

législateur, amenèrent, de la part des jurés, de nombreux acquittements, et le but qu'il avait voulu atteindre fut manqué. C'est à la suite de ces tâtonnements que fut introduit le nouveau système du maximum et du minimum dont nous venons de parler, qui reçut son application dans un grand nombre de cas, et produisit les heureux résultats qu'on en attendait.

22. L'article 401, en punissant les vols simples, fait rentrer dans la même catégorie les *larcins* et *filouteries*, ainsi que les tentatives de ces mêmes délits. Pour ce qui est des tentatives, ce n'est là qu'une conséquence du principe qui punit la tentative de la même peine que le fait consommé (1). Mais on se demande si les *larcins* et *filouteries*, dans l'esprit de la loi, sont de véritables vols, ou bien si ce sont des délits d'un genre particulier, et que la loi assimile au vol dans ce cas spécial et par exception. Or, il est évident que ce sont de véritables vols, c'est du reste toujours ainsi qu'on les a envisagés (2); au reste, la place qu'ils occupent dans la section des vols, l'usage et l'habitude où l'on est d'appeler larcins ou filouteries certains vols qui indiquent, de la part de leur auteur, plus de ruse et d'adresse que d'audace et de violence, sont des motifs suffisants pour faire croire que tel est le véritable sens à donner à l'article.

23. Nous passons maintenant aux différentes hypothèses que la loi a spécialement prévues, et dans lesquelles elle a prononcé contre le voleur des peines particulières. Les circonstances qu'elle a ainsi énumérées sont nombreuses, elles aggravent presque toutes la position du coupable et lui font infliger un châtiment plus

(1) Filangieri, *Science de la Législation*, t. 4, p. 174.
(2) Jousse, IV, p. 166.

terrible ; de là vient qu'on les appelle *circonstances aggravantes*.

Cette aggravation de la peine, avons-nous dit, résulte
moins du trouble matériel qui a été occasionné, et de
l'importance de l'objet volé, que de l'immoralité de l'a-
gent coupable, et du peu de difficultés qu'il a dû rencontrer pour arriver à la perpétration du délit punissable.
Il est toutefois deux principes qui doivent dominer cette
matière et qu'il ne faut pas perdre de vue : Le premier,
c'est que la loi pénale est une loi rigoureuse que l'on ne
peut étendre par analogie hors de ses termes ; aussi, dans
tous les cas où elle a pris soin de définir une circonstance aggravante, il faut se conformer rigoureusement à
la définition qu'elle en a donnée. Le second, c'est que
pour qu'une circonstance aggravante existe, il faut
qu'elle soit connue de l'auteur du délit ; il faut qu'il sa-
che qu'il se trouve dans telle circonstance ; ainsi on ne
peut considérer comme armé, celui dans la poche duquel
on a glissé un couteau avant la perpétration du crime.
Nous ne voulons cependant pas dire par là que le voleur dût être excusé, s'il ignorait que la loi a attaché
l'aggravation de la peine à tel fait spécial ; ce serait le
cas d'appliquer la maxime, *nemo legem ignorare censetur*.

Les distinctions que nous allons étudier ne sont pas
tout à fait une innovation introduite par notre législateur ; le Droit romain déjà avait aggravé la peine du vol
manifeste et non manifeste dans certains cas spéciaux ;
ainsi la loi 28, § 10, *de pœnis*, au Digeste, prononçait
la peine de mort contre ceux qui, étant armés, avaient
attaqué les passants, bien qu'ils n'eussent pas fait usage
de leurs armes (1). La loi 38, § 2, *ad legem Juliam de vi*

(1) Dig. l. 2, § 5, *de vi et de vi armata*.

publicâ, condamnait aux mines les voleurs sans armes qui attaquaient les passants. La loi 10, § 2, du même titre, prononçait la peine du bannissement, de la déportation ou de la confiscation du tiers des biens, selon la gravité de la voie de fait, lorsque le voleur s'en était rendu coupable, sans qu'on pût lui appliquer les autres lois.

En France, avant 1791, la jurisprudence considérait comme circonstances aggravantes certaines qualités dans la personne du voleur, celle de domestique, de soldat, d'officier de justice; certains lieux, tels qu'une maison royale, un auditoire, un lieu public, un grand chemin; la nuit; certains moyens, tels que l'escalade, le port d'armes, la violence; la nature et la situation de certaines choses, par exemple, une chose sacrée, un cheval ou un bœuf volés dans les champs, du poisson dans un étang.

Le Code pénal de 1791 (1) multiplia ces distinctions, et prononça des peines spéciales contre le vol commis à force ouverte et avec violence envers les personnes, le vol commis sur un grand chemin, sur une place publique, dans une rue, dans l'intérieur d'une maison; il punit d'un châtiment particulier le vol commis avec effraction, escalade, fausses clefs, le vol commis par un commensal ou habitué de la maison, le vol commis la nuit, avec port d'armes meurtrières; enfin, les diverses circonstances auxquelles il attacha l'aggravation de la peine, ont été à peu près reproduites par le Code de 1810.

24. Dans notre législation actuelle, deux motifs principaux influent sur la sévérité des peines : le premier,

(1) Code Pénal de 1791, part. 2, sect. 2, titre 1, art. 1 et suivants.

est la perversité de l'agent, l'audace que dénote le délit qu'il a commis; le second, est la facilité qu'il a eu pour le commettre, le danger incessant que court le propriétaire, danger contre lequel la force des choses le met dans l'impossibilité de se prémunir. Il était important, pour sauvegarder le respect dû à la propriété, d'opposer à ces deux causes deux mobiles assez puissants pour arrêter le coupable; il était important de proportionner l'intensité du châtiment à l'audace de l'agent coupable, au danger de la victime. C'est le but qu'a atteint notre législateur.

25. Les circonstances qu'il a prévues peuvent se ranger dans quatre catégories que nous allons étudier successivement :

1° La qualité de l'agent; 2° le temps; 3° le lieu; 4° les moyens d'exécution.

De la qualité de l'agent. Il est certaines personnes qui, par leur position, se trouvent en contact avec la propriété d'autrui, et forcément investies de la confiance des personnes qui les emploient. Ces personnes ont, pour commettre un vol et s'emparer de choses qui ne leur appartiennent pas, de grandes facilités; il fallait, en conséquence, mettre plus d'entraves au penchant mauvais qui pouvait les faire agir, il fallait les punir plus sévèrement que d'autres, afin que l'intimidation soit en raison directe des facilités qu'elles se trouvaient avoir.

26. Au premier rang de ces personnes se trouvent les domestiques et les serviteurs à gage. Il est évident que ces personnes sont plus répréhensibles que toutes autres, lorsqu'elles volent celui qui leur a donné sa confiance. Le Droit romain, à la vérité, ne permettait pas d'exercer contre elles l'action pénale, l'action *furti;* mais c'était

par des motifs particuliers et par une conséquence des règles de la puissance dominicale; aussi ses dispositions à cet égard ne passèrent-elles pas dans notre droit. Saint Louis prononça la peine de mort contre les domestiques qui volaient leurs maîtres; le Code de 1791 se montra également très sévère, il les punit de huit années de fer; celui de 1810, adoucissant de beaucoup la rigueur des peines, dut réformer celle du vol domestique, et il la réduisit à l'emprisonnement (386,3°).

Quant à la question de savoir quelles sont les personnes que la loi comprend par ces expressions de *domestiques et serviteurs à gage*, elle ne peut pas présenter de difficultés sérieuses; en effet, les motifs qui ont fait aggraver la peine doivent servir à limiter les cas d'application de la loi, et la circonstance aggravante doit être reconnue toutes les fois que le coupable jouissait, dans la maison où il a commis le vol, non pas d'une confiance purement volontaire et essentiellement limitée, comme un simple mandataire spécial, mais d'une confiance nécessaire et générale pour tout ce qui dépendait des travaux du domestique. Ainsi, on doit considérer comme voleur domestique, le caissier qui soustrait les deniers de la caisse dont il n'a que la gestion; le commis voyageur qui vole le commerçant par lequel il est salarié, le gardien d'un château, etc., etc.

Il importe peu, du reste, que le propriétaire soit ou non dans la maison à l'époque où le vol est commis; la qualification du vol ne se puise pas dans le défaut de surveillance du maître; mais bien au contraire dans l'abus que fait l'agent de la confiance qui lui est accordée; l'absence du maître, en rendant cette confiance plus grande, rend l'acte plus répréhensible encore. Il importe peu, également que la chose volée l'ait été dans la maison même où le domestique était employé, qu'elle appartienne à un étranger, si elle a été soustraite par le domestique dans un lieu où il accompagnait son maître.

Le Code de 1791 qualifiait de vol domestique, le vol commis par une personne habitante ou commensale d'une maison ou reçue habituellement pour y faire un service ou un travail salarié, ou qui y était admise à titre d'hospitalité. L'art. 386 n'a point reproduit ce cas, et l'on ne peut l'y suppléer; d'ailleurs, ici, la confiance n'est plus forcée, comme lorsque quelqu'un emploie des gens dont il a journellement besoin; elle est toute bénévole.

Par imitation de l'ancien droit (1), notre loi pénale met sur la même ligne que les domestiques, les ouvriers ou apprentis et ceux qui travaillent habituellement pour un maître, lorsque le vol a été commis dans la maison, l'atelier, le magasin où ils étaient employés, et cela quand même la chose volée ne serait pas la propriété du maître. La Cour de Cassation fait également rentrer dans l'application de ce principe, l'employé d'une administration publique qui s'est rendu coupable d'un vol dans le bureau où il travaillait (2).

Nous devons remarquer cependant que le recel, de la part d'un domestique, ouvrier ou apprenti, d'un objet volé à son maître par un tiers, ne peut changer le caractère qu'avait le vol au moment où il a été commis, et faire d'un vol simple un vol qualifié.

27. Il est une autre classe de personnes qui ont attiré l'attention du législateur, et contre lesquelles il a prononcé la peine de la réclusion lorsqu'elles s'étaient rendues

(1) Jousse IV, p. 203.
(2) Arr. Cass. 24 juillet 1829.

coupables de vol ; ce sont les hôteliers, aubergistes, voituriers, bateliers ou leurs préposés. La profession qu'ils exercent exige de leur part une probité plus grande ; les personnes auxquelles ils ont à faire sont forcées d'avoir confiance en eux ; le délit qu'ils commettent, lorsqu'ils s'approprient une chose qui leur a été remise, n'est pas un simple vol, il y a en même temps abus de confiance de leur part ; on peut, en effet, dire que c'est là un cas de dépôt nécessaire (C. N., 1952).

Du reste, cette disposition n'est pas une innovation de notre Code. La loi Romaine traitait déjà ces personnes avec plus de sévérité que d'autres (1) ; les anciens criminalistes attestent également qu'on les punissait plus rigoureusement que les voleurs ordinaires; très souvent la peine qu'on leur infligeait était celle des galères (2). Le Code de 1791 punissait de huit années de fer les vols commis par les aubergistes, voituriers, ainsi que ceux commis par les personnes reçues dans les auberges ou dans les voitures, bateaux, etc. Le Code de 1810, modifié par les lois du 25 juin 1824 et 28 avril 1832, a admis cette disposition, mais seulement en ce qui concerne les aubergistes ou voituriers et leurs préposés, tels que patrons, conducteurs, intendants, etc. (386, 4°) (3).

A propos de cet alinéa, s'est élevée la question de savoir si l'on doit comprendre dans la dénomination d'hôteliers, aubergistes, les logeurs ou loueurs de maisons garnies : cette question assez importante à cause

---

(1) Dig. l. 1. Nantæ, caup., stab.
(2) Jousse IV, p. 180 et suiv.
(3) D'après une loi du 10 avril 1825, relative à la sûreté de la navigation, tout vol commis en mer, quelque soit la personne qui en soit l'auteur, est qualifié crime et puni de la réclusion.

des cas nombreux qui peuvent se présenter, a été résolue affirmativement par un avis du Conseil d'État approuvé
le 10 octobre 1811 ; cette solution nous paraît conforme
au vœu de la loi , car les personnes dont il s'agit reçoivent les effets du voyageur absolument comme l'aubergiste ; le voyageur se fie à leur bonne foi, et, outre qu'il
lui serait très difficile , sinon impossible , de se renseigner sur leur probité , l'on n'est pas dans l'habitude de
prendre de semblables renseignements.

Il importe peu que la personne soit restée plus ou
moins de temps chez celui qui l'a volée, et que le voleur
habite ou non le lieu où le délit a été commis. La circonstance aggravante existe quelque soit la chose qui
ait été volée et qu'elle ait été ou non spécialement confiée à la personne qui l'a dérobée ; en effet , le dépôt
nécessaire existe dans ce cas pour tout ce qui appartient
au voyageur, que ce soit apparent ou caché. Cette règle
peut cependant avoir une conséquence bizarre ; en effet,
il n'y a vol dans notre droit qu'autant qu'il y a eu
réellement *soustraction* ; or, lorsque la chose a été confiée au voleur, la soustraction ne peut exister , il n'y a
plus qu'un simple abus de confiance ; cela est incontestable , mais la peine n'en devra pas moins être aggravée ; l'art. 386 est formel à cet égard. Pour qu'on
puisse l'appliquer , il faut que la personne en laquelle
on se confie soit réellement une de celles qu'il énumère,
et que ce soit en sa qualité que la chose lui soit confiée ;
sans cela le propriétaire volé aurait à s'imputer une
faute, celle d'avoir mal placé sa confiance, la loi n'a pu
avoir le dessein de le protéger dans ce cas.

Nous devons dire enfin qu'il est certaines circonstances dont nous parlerons , qui n'influent en rien sur le

vol commis par les personnes que nous venons d'énumérer. Ainsi la circonstance de maison habitée n'influe
pas sur le vol des aubergistes , et le grand chemin ou
l'effraction sur celui des voituriers.

L'art. 387 s'occupe d'un cas spécial , celui où les voituriers , bateliers ou leurs préposés , ont altéré des vins
ou toute autre espèce de liquides ou de marchandises
qui leur avaient été confiés. Il prononce contre eux la
peine de l'emprisonnement d'un mois à un an , et d'une
amende de 16 à 100 fr. , dans le cas où les substances
mélangées n'étaient pas malfaisantes ; celle de la réclusion, dans le cas où l'altération pouvait occasionner des
accidents. Cet article ne fait pas double emploi avec le
précédent, l'hypothèse qu'il prévoit est différente, et il
n'empêche pas non plus que si le coupable, en employant
des substances malsaines , avait eu une intention criminelle , ou ne puisse lui appliquer les dispositions du
Code, relatives aux attentats contre les personnes.

28. *Du temps pendant lequel un vol a été commis.* —
Le moment qui a servi à la perpétration d'un crime doit
nécessairement influer sur la culpabilité de l'agent qui
l'a commis ; le trouble porté n'est pas le même à toutes
les heures du jour ; *sacrilegii pœnam*, disait la loi romaine, *debebit pro qualitate personæ, proque rei conditione,
et temporis, et ætatis sexus, vel severiùs, vel clementiùs
statuere* (1).

La nuit donne au malfaiteur de grandes facilités pour
commettre son mauvais dessein, elle enlève à celui qui
en est victime les moyens qu'il a de s'en garantir ; enfin,
elle empêche qu'on puisse acquérir les preuves du fait

(1) Dig. l. 6, *ad legem Juliam peculatûs.*

qui seraient de nature à mettre la justice sur la trace du coupable, et lui faire obtenir du voleur la réparation que la société a droit d'exiger de lui. Aussi l'ancien droit considérait-il la nuit comme une circonstance aggravante (1), et le Code de 1791 élevait la peine du vol suivant qu'au fait de nuit se réunissait un nombre plus ou moins grand de circonstances aggravantes. Tel fut aussi le principe sanctionné par le Code de 1810 (386,1°). Il prononce la réclusion contre celui qui a commis un vol la nuit et dans une maison habitée, ou bien la nuit et dans un édifice consacré au culte, ou bien encore la nuit et avec le concours de deux ou plusieurs personnes; il prononce les travaux forcés à temps lorsqu'à la circonstance de nuit se trouvent réunies celle de violence et l'une de celles qu'énumère l'art. 381, et dont nous parlerons plus bas; enfin, le voleur encourt la peine des travaux forcés, lorsque la circonstance de nuit se trouve coexister avec celles de chemin public et une de celles dont parle l'art. 381, ou bien avec les circonstances de port d'armes, de violence, d'effraction, de pluralité d'agents.

Maintenant que doit-on entendre par *nuit*? La loi ne l'a pas définie, elle n'a indiqué ni l'heure à laquelle elle était censée commencer, ni celle à laquelle elle finissait; cependant, il est important de résoudre la question et la jurisprudence n'est pas d'accord à cet égard. Les uns prétendent que par *nuit*, il faut comprendre cet intervalle qui sépare le coucher des habitants de leur lever, suivant les mœurs et les usages des pays; ainsi, à la ville, la nuit ne sera pas la même qu'à la campagne;

(2) Muyart de Vouglans, *Lois crim.*, p 30.

d'autres disent qu'il faut s'en tenir aux expressions du Code de procédure; l'art. 1037 fixe, en effet, la durée de la nuit suivant les saisons; d'après lui, du 1er octobre au 31 mars, elle serait comprise entre six heures du matin et six heures du soir; du 1er avril au 30 septembre, de quatre heures du matin à neuf heures du soir (1). Ces deux opinions ne nous paraissent pas admissibles : la nuit commence immédiatement après le crépuscule du soir et finit immédiatement avant le crépuscule du matin ; c'est dans cet intervalle que se remarquent toutes les considérations qui ont fait aggraver la peine du vol; c'est dans cet intervalle que le voleur a le plus de facilités pour se dérober aux poursuites, que le volé éprouve le plus d'embarras pour se garantir, qu'il est exposé au plus grand danger. C'est en ce sens que doit s'entendre le mot nuit, et c'est aussi l'opinion adoptée par la jurisprudence. Du reste, c'est ici un des cas où le jury peut user de son pouvoir d'appréciation et doit être consulté.

29. *Du lieu dans lequel le vol a été commis.* — La loi se préoccupe, dans la punition d'un crime, du lieu où il a été commis, cela devait être; car le lieu où une personne se trouve influe sur la protection dont elle a besoin, et dénote, chez l'auteur du délit, une audace plus ou moins redoutable. Le lieu que la loi devait surtout protéger, c'est la maison, la demeure de chaque habitant. Celui qui s'y introduit doit s'attendre à y trouver quelqu'un; le propriétaire peut s'y rencontrer, il peut vouloir repousser l'agresseur, il en a le droit, la loi lui permet même de le tuer (329), et si le voleur se dé-

(1) Bourguignon, II, p. 141.

8

fend, peut-être la lutte sera-t-elle fatale au premier; le danger est sérieux pour lui, le délit indique une grande perversité chez son auteur; la loi a donc eu raison de se montrer sévère. Cependant, elle ne considère comme aggravante la circonstance de *maison habitée*, qu'autant qu'elle est accompagnée d'une autre. Ainsi, elle aggrave la peine lorsque le délit a été commis la nuit dans un lieu habité; dans ce cas, elle applique la peine de la réclusion; elle punit des travaux forcés à temps, le vol commis dans une maison habitée avec la réunion de deux des circonstances prévues par l'art. 384; enfin, elle prononce les travaux forcés à perpétuité lorsque la circonstance de maison habitée se trouve concourir avec les quatre autres.

Du reste, que faut-il entendre par maison habitée? La loi a pris soin de le définir : « est réputée maison habitée, dit l'art. 390, tout bâtiment, logement, loge, cabane, même mobile, qui, sans être actuellement habitée, est destinée à l'habitation, et tout ce qui en dépend, comme cours, basse-cours, granges, écuries, édifices qui y sont renfermés, quel qu'en soit l'usage, et quand même ils auraient une clôture particulière dans la clôture ou enceinte générale. » Les termes de la loi ne sont pas limitatifs, comme on le voit, et il faut y faire rentrer les édifices publics lorsqu'ils sont destinés à l'habitation; quant aux voitures publiques, elles ne peuvent rentrer dans cette définition et donner lieu à une aggravation de peine (1). Ajoutons que le vol commis par le voleur, dans sa propre maison, doit être considéré comme vol accompagné d'une circonstance aggravante. Tou-

(1) Arr. Cass. 6 mars 1846.

tefois, l'on ne peut appliquer cette aggravation de la
peine au vol domestique, car il suppose toujours une
maison habitée.

Le vol commis dans un terrain fermé, dans un *parc
ou enclos*, ne peut être regardé comme commis dans une
maison habitée, lorsque ce parc ou enclos n'est pas atte-
nant à une habitation; cependant, la loi a pris ce lieu en
considération et elle l'a regardé comme aggravant le délit dans certains cas particuliers, lorsqu'il s'agit d'escalade, par exemple, et alors elle a prononcé contre le
voleur la même peine que si le délit avait été commis
dans une maison habitée (391 et 392).

30. Notre législateur s'est occupé, d'une manière spéciale, du vol commis dans les édifices consacrés au culte.
Déjà, la loi romaine avait prononcé la peine de mort
contre ce genre de délit (1), lorsque la chose volée était
consacrée au culte; le droit canonique, plus rigoureux
encore, le punit quelque soit la chose dérobée; les coutumes renouvelèrent la distinction du Droit romain; le
Code de 1791 se montra sévère aussi, cependant, il réduisit
la peine à quatre années de fers; le législateur de 1810
fut beaucoup plus tolérant, il n'aggrava la peine que
dans le cas où l'édifice était un lieu habité, en sorte que
la Cour de Cassation, pour punir le sacrilège, dut considérer l'église comme un lieu habité. Ce ne fut que la
loi de 1832, qui ajouta à l'art. 386 la disposition dont
nous avons déjà parlé, disposition éminemment équitable; les vols qui se commettent dans une église, ne sont
pas seulement un attentat à la propriété, ils sont une
profanation du lieu sacré où ils sont commis; il sont

(1) L. 4 et 5, *ad leg. pecul.*, Dig.

souvent un sacrilége, et, si aux yeux du droit civil le sacrilége n'est pas un délit, il n'en est pas moins un fait
qui dénote chez son auteur un bien haut degré d'immoralité, qui doit lui faire infliger un châtiment propor-
tionné à la criminalité du fait qui lui est imputé, et faire
substituer la peine de la réclusion à celle de l'emprisonnement.

31. En troisième lieu, la loi a vu une circonstance
aggravante dans le fait d'avoir commis un vol *sur un
chemin public.* Dans un pays civilisé, il importe que les
routes soient sûres, que le voyageur puisse les fréquen-
ter sans craindre d'être arrêté. Les lois romaines s'étaient
préoccupées de ce point, et nous avons dit en passant
de quelles peines elles punissaient le vol commis sur
les chemins publics. Par une rigueur inouïe et que l'on
n'explique que par un besoin pressant de réprimer le
brigandage qui désolait la France, les lois antérieures à
1791 prononcèrent contre le voleur de grand chemin une
peine atroce, le supplice de la roue; cette sévérité outrée
avait pour but d'effrayer les malfaiteurs, mais, en réalité, elle ne faisait qu'augmenter leur cruauté, puisqu'ils
avaient intérêt à assassiner leur victime pour échapper
à la punition qui leur était réservée. Elle passa cependant dans le Code de 1791, qui conserva la peine de
mort. Enfin, le Code de 1810, la convertit en celle des
travaux forcés à perpétuité, et la loi de 1825 restreignit
les cas dans lesquels elle put être prononcée; aux termes de l'art. 383, cette peine n'est applicable que lorsqu'à la circonstance de chemin public se joignent deux
de celles que prévoit l'article 381; s'il ne s'en trouve
qu'une, la peine se convertit en celle des travaux forcés à temps, et, si la circonstance de chemin public est

seule, la réclusion devient la seule peine à infliger. Remarquons que sous cette législation, la vi lence n'est
plus, comme sous le Code de 1791, censée accompagner
le vol commis sur les chemins publics.

Par *chemins publics*, il faut entendre les chemins qui
peuvent être parcourus à toute heure par tout le monde;
c'est, du reste, là encore, un point laissé à l'appréciation des jurés qui doivent, dans leurs délibérations, ne
pas perdre de vue les motifs qui ont influé sur le législateur; il est évident, en effet, qu'on ne peut considérer
comme chemins publics les rues d'un village, bien que
souvent elles soient le prolongement des routes même
départementales ou impériales; car, dans ces lieux, le
secours peut-être immédiatement fourni, la sûreté des
voyageurs n'est pas aussi gravement compromise que
sur une route, dans un chemin isolé; du reste, cette opinion ressort évidemment de la discussion qui eut lieu
au Corps législatif.

32. Enfin, notre législateur a prévu le cas où la soustraction frauduleuse était commise *dans les champs*. Le
Droit romain s'était déjà spécialement occupé de ce
genre de larcins (1), et notre ancien droit allait jusqu'à
les punir de la peine capitale. Cette trop grande rigueur
passa dans le Code de 1791, qui prononça contr'eux la
peine de quatre années de détention; elle produisit l'effet qu'amène presque toujours une loi trop sévère, l'impunité. Tout en l'adoucissant un peu, le Code de 1810
pouvait mériter le même reproche; car, dans tous les
cas, il voulait que le vol dans les champs fut passible
de la Cour d'assises; or, il est évident que les choses qui

(1) Dig. l. 1, *de Abigeis.*

peuvent ainsi être dérobées sont généralement des objets
de peu de valeur, et si le peu d'importance d'une chose
ne change en rien la culpabilité de l'agent, il n'en est pas
moins vrai qu'il doit être pris en considération dans
l'application de la peine; et, s'il est juste de protéger
l'agriculture et d'empêcher qu'on abuse de la confiance
que les cultivateurs sont forcés d'avoir dans la foi publique, il ne faut pas cependant déployer contre les coupables une sévérité trop grande et qui conduirait souvent
à l'injustice.

Voici quelle est la pénalité prescrite par la loi de 1825,
dont l'art. 388 de la loi de 1832 n'est que la réproduc-
tion. Elle distingue plusieurs catégories de vols dans les
champs. Le § premier s'occupe du vol de chevaux, bêtes
de somme ou de monture, et de celui d'instruments
d'agriculture; il prononce, dans ce cas, une peine analogue à celle de l'art. 401, l'emprisonnement d'un an à
cinq ans et l'amende de 16 fr. à 500 fr.; la seule différence entre les deux hypothèses, c'est qu'ici les peines
doivent être prononcées simultanément, tandis que lorsqu'il s'agit de vols simples, le juge peut à son gré infliger l'amende ou ne pas l'infliger. Du reste, le délit
peut avoir été entouré de circonstances particulières qui
en font un vol qualifié.

Sur la même ligne que les vols dont nous venons de
parler, le législateur met le vol de pierres dans les car-
rières, celui de bois dans les ventes, et celui de poisson
dans un étang ou vivier. Nous devons remarquer, à cet
égard, que si le vol de bois était commis ailleurs que dans
les ventes, par exemple, dans un endroit où on l'avait
provisoirement déposé, il n'y aurait plus qu'un vol simple; d'un autre côté, le vol de poissons fait dans un ruis-

seau, dans une rivière, dans un endroit autre que ceux où l'on a coutume de les retenir, ne serait plus qu'une infraction à la loi de 1829 sur la pêche fluviale, et le propriétaire ne pourrait intenter qu'une action en dommages-intérêts.

Quant aux autres vols dont la loi n'a pas parlé et qui devraient, ce semble, rentrer dans la catégorie des précédents, ceux, par exemple, de pigeons, de ruches, etc., il nous semble que dans le silence de la loi on est forcé de les ranger dans la classe des vols simples, et de leur en appliquer la peine.

Le §3 de l'art. 388 traite du vol des récoltes : « quiconque, dit-il, aura volé ou tenté de voler dans les champs des récoltes ou autres productions utiles de la terre, déjà détachées du sol, ou de meules de grains faisant partie de récoltes, sera puni d'un emprisonnement de quinze jours à deux ans, et d'une amende de 16 à 200 fr. Si le vol a été commis soit la nuit, soit par plusieurs personnes, soit à l'aide de voitures ou d'animaux de charge, l'emprisonnement sera d'un an à cinq ans, et l'amende de 16 à 500 fr. » Il est inutile d'ajouter que si les deux circonstances aggravantes se trouvent exister à la fois, le vol, devient un crime et doit être puni de la réclusion. Remarquons, en outre, qu'il y a ici une espèce d'anomalie entre les textes ; cet article, tout en étant placé au milieu de ceux qui aggravent la peine, ne fait que la diminuer ; il en baisse le maximum en même temps que le minimum, c'est le résultat du changement apporté à notre article par le législateur de 1832, qui n'a pas remarqué que le vol simple, qu'il regardait comme moins grave, était puni plus sévèrement.

La dernière espèce que le Code prévoit en cette matière, c'est le cas où les récoltes enlevées n'étaient pas encore détachées du sol ; la peine qu'il prononce n'est alors applicable que lorsque le délit a été accompagné d'une circonstance aggravante, c'est celle dont nous avons parlé plus haut, un emprisonnement de quinze jours à deux ans, et une amende de 16 à 200 fr.

L'art. 388 ajoute enfin que, dans toutes les hypothèses qu'il prévoit, les coupables pourront être interdits des droits mentionnés en l'art. 42, pendant cinq ans au moins, dix ans au plus, et mis sous la surveillance de la haute police pendant le même nombre d'années.

Il est un cas où le législateur a conservé l'ancien état de choses, c'est celui où le coupable, pour commettre son vol, a enlevé ou déplacé des bornes servant de séparation à des propriétés. Le trouble qui peut résulter de cet acte éminemment blâmable a fait aggraver la peine et prononcer contre l'auteur du fait la réclusion au lieu de l'emprisonnement (389).

Au reste, cet article, comme le précédent, laisse subsister toutes les dispositions du Code Pénal qui ne se rapportent pas aux hypothèses qu'ils ont prévues.

33. *Des circonstances qui ont accompagné le vol.* — S'il est une chose qui dénote chez l'auteur d'un délit un degré de perversité et d'audace dangereux pour la société dont il fait partie, c'est certes bien l'emploi de la *violence.* Lorsqu'un voleur se sert de la violence, lorsqu'il effraie sa victime par des menaces, afin d'arriver à l'accomplissement de son mauvais dessein, il y a plus qu'un attentat à la propriété, il y a un attentat à la personne ; aussi, quand même la violence n'aurait pas laissé de traces, la peine n'en doit pas moins être aggravée ; les art. 382 et 385 la répriment sévèrement, et ils prononcent contre

le voleur qui en a fait usage la peine des travaux forcés à temps. Remarquons , toutefois , que le second de ces articles est beaucoup plus sévère que le premier; puisque , d'après sa disposition, la violence seule donne lieu à l'aggravation de la peine , tandis que d'après les termes du premier il faut , outre la violence, la réunion de deux des circonstances prévues par l'art. 381. Cette anomalie est le résultat des changements introduits par la loi de 1832 , changements qui abaissèrent les peines portées dans les premiers articles de la section qui nous occupe.

Quoiqu'il en soit, lorsque la violence a laissé des traces , la peine des travaux forcés à perpétuité doit être prononcée. Cette règle, formellement posée par l'article, est un peu rigoureuse, car elle prononce la même peine, quelque soit la gravité des blessures ou contusions, et il est évident qu'il peut y avoir ici des degrés de criminalité très différents. Ajoutons , enfin , que c'est encore la peine des travaux forcés à perpétuité, qui doit être prononcée lorsque la violence se trouve réunie aux quatre autres circonstances prévues par l'art. 381.

Par violence , il faut entendre tout fait quelconque dirigé contre une personne, quand même il ne lui ferait courir aucun danger; c'est toute voie de fait employée pour contraindre la volonté d'un individu ou pour en entraver l'exercice. Elle n'existe pas comme circonstance aggravante du vol, lorsque le voleur s'enfuit abandonnant l'objet qu'il a soustrait, ou en renversant la personne qui veut l'arrêter.

L'article 400 fait une application particulière des principes relatifs à la violence; il suppose le cas où la signature ou la remise d'un écrit, d'un acte, d'un titre, d'une

pièce quelconque contenant ou opérant obligation, disposition ou décharge, sont extorqués à une personne,
et il prononce contre le coupable la peine des travaux forcés à temps. Il y a là, en effet, plus qu'un vol, et l'on
peut dire avec Farinacius : *rapina continet in se furtum,
et raptor omni modo furtum facit* (1). Toutefois, pour que
l'article soit applicable, il faut que l'acte extorqué con-
tienne réellement obligation, disposition ou décharge,
sans cela on ne serait plus dans les termes de la loi ; il
faut aussi qu'il ne soit pas radicalement nul, et que cette
nullité ne soit pas connue de l'auteur du vol. Remarquons, enfin, que si l'acte avait été enlevé sans violence,
il y aurait simplement soustraction frauduleuse de la
chose d'autrui, et l'on se trouverait dans les termes de
l'article 401, la peine du vol simple serait applicable.

34. Il arrive souvent que le voleur, pour parvenir
plus sûrement à son but, se fait assister de plusieurs
personnes, ces personnes lui prêtent leur concours et
participent au délit ; tantôt cette participation consiste
dans des faits autres que ceux qui constituent le délit
lui-même, mais par suite desquels l'accomplissement de
ce délit, ou tout au moins une adhésion à ce délit, peut
leur être imputée ; c'est le cas de complicité spécialement prévu et puni par les articles 59 et suivants du
Code pénal. D'autres fois ces mêmes personnes prêtent
un concours direct, il y a association, et l'on peut pré-
sumer que leur intention est d'employer la violence pour
accomplir leur mauvais dessein ; l'alarme répandue est
grande, le crime devient plus facile, la peine devait être
aggravée. Cependant l'aggravation n'est prononcée qu'au-

(1) Farinacius, *de furtis, quæst.* 166, n° 31.

tant que cette circonstance de pluralité d'agents a été accompagnée de quelqu'une de celles que prévoit la loi ;
ainsi, lorsqu'elle se trouvera réunie à la circonstance de
nuit ou à celle de maison habitée, la peine sera la réclusion (380) ; lorsque *les coupables* auront accompli leur
crime la nuit et avec port d'armes, ils seront punis des
travaux forcés à temps (385, 382) ; enfin, on leur appliquera la peine des travaux forcés à perpétuité, lorsqu'à la circonstance de pluralité d'agents, se trouveront
réunies celles que prévoit l'article 381, ou seulement
l'une d'elles, et celle de *chemin public* (383).

Le but qu'a voulu atteindre le législateur, indique suffisamment ce qu'il faut entendre par pluralité d'agents,
et l'on ne doit admettre l'existence de cette circonstance,
que lorsque la participation de celui qui a aidé le voleur
a pu jeter l'intimidation par sa présence et sa surveillance ; lorsque, par exemple, il faisait le guet au de-
hors, tandis que l'autre commettait le délit.

85. Si la réunion de plusieurs personnes annonce de
leur part l'intention d'user de violence, la présomption
est bien plus forte encore lorsque ces personnes ou l'une
d'elles se trouvent armées. Aussi le port d'armes est
une circonstance aggravante dans tous les cas, et quelque soit le temps et le lieu où le délit ait été commis.
L'article 386 (2°) est formel à cet égard, et il prononce la
peine de la réclusion, sans distinguer si le coupable était
seul, s'il a fait ou non usage de ses armes, enfin, si elles étaient apparentes ou cachées. Réuni aux autres circonstances de l'article 381, le port d'armes entraînait,
avant 1832, la peine de mort ; maintenant il fait appliquer celle des travaux forcés à perpétuité ; il en est ainsi
lors même qu'une seule de ces circonstances se trouve

coexister avec celle de chemin public; enfin, la peine devient celle des travaux forcés à temps lorsque le vol avec port d'armes a été commis la nuit et par plusieurs personnes (382, 385).

Que doit-on entendre par *armes* ? C'est là une question importante, à cause des conséquences qui peuvent en résulter. Parmi les définitions qu'en donnaient les lois Romaines, la plus précise est sans contredit celle du jurisconsulte Gaius : *Teli appellatione et ferrum et fustis et lapis et denique omne quod nocendi causâ habetur, significatur.* Celle de notre Code en est à peu près la reproduction; aux termes de l'art. 101, « sont compris dans le mot *armes* toutes machines, tous instruments ou ustensiles tranchants, perçants ou contondants. Les couteaux et ciseaux de poche, les cannes simples, ne sont réputés armes qu'autant qu'il en aura été fait usage pour tuer, blesser ou frapper. » Il faut distinguer, comme on le voit, deux sortes d'instruments, les uns qui sont toujours considérés comme armes, ceux-là doivent avoir été pris dans le but bien arrêté de s'en servir, les autres qui ne sont réputés armes qu'autant qu'ils ont servi à blesser ou frapper.

36. Il nous reste à étudier certaines circonstances spécialement prévues par l'art. 381, § 4, et qui, toutes, ont pour résultat, si elles sont constatées, de faire prononcer les travaux forcés à perpétuité, lorsqu'elles se trouvent réunies à celles qu'énumèrent les autres §§ de l'article; celles des travaux forcés à temps dans le cas de l'art. 385 et dans celui de l'art. 384, c'est à dire lorsqu'une seule de ces circonstances se trouve exister, quoique le vol n'ait pas eu lieu dans une maison habitée.

La première de ces circonstances est l'*effraction*. De

tous temps , les législateurs ont considéré le vol avec
effraction comme très grave ; à ce sujet, le Droit romain
s'exprimait ainsi : *Inter effractores variè animadvertitur,*
atrociores enim sunt nocturni effractores et ideo hi fustibus
cæsi in metallum dari solent ; diurni vero effractores post
fustium castigationem in opus perpetuum vel temporarium
dandi sunt(1). La cruauté des châtiments du moyen-âge
sévissait surtout contre cette classe de voleurs, et Jousse
nous rapporte qu'on leur infligeait le supplice de la roue (2).

La loi définit l'effraction , l'art. 393 appelle ainsi tout
forcement , rupture , dégradation, démolition , enlèvement de murs, toits, planchers, portes, fenêtres , serrures, cadenas, ou autres ustensiles ou instruments servant
à fermer ou à empêcher le passage, et de toute espèce de
clôture quelle qu'elle soit. L'effraction n'est une circonstance aggravante du délit que parce qu'elle indique chez
son auteur un plus haut degré d'audace ; il résulte de
là que si la chose qu'il a rompue , fracturée , n'avait
point été placée dans le but de lui opposer résistance ,
mais uniquement dans un but ordinaire , comme pour
suspendre l'objet qu'il a dérobé, le forcement, la rupture
opérés par lui ne seraient pas une circonstance aggravante du vol qu'il a commis. Il n'y a pas d'effraction dans le fait de couper les cordes qui retiennent une
malle derrière une voiture ; il n'y en a pas non plus si
le voleur n'a fait qu'employer un moyen ordinaire pour
s'introduire dans une maison , s'il a fait glisser un ver-
rou , enlevé la barre transversale qui fermait une porte.

La loi a considéré l'effraction comme une circonstance
aggravante , parce qu'elle décèle chez le voleur la pré-

(1) Dig. l. 2, *de effract. et expilatoribus.*
(2) Jousse IV, 218.

méditation et l'audace d'une périlleuse exécution, parce que l'introduction du malfaiteur dans une maison expose les habitants à des dangers personnels ; parce qu'enfin elle facilite la soustraction d'objets que le propriétaire surveille d'une manière toute spéciale, et pour la conservation desquels il emploie les précautions les plus minutieuses. Ces motifs facilitent la solution d'une question qui s'est présentée, et à laquelle la Cour de Cassation a donné, mais à tort, une solution affirmative ; il s'agissait de savoir si l'on devait punir comme vol avec effraction le fait d'avoir enlevé des tuyaux de plomb scellés dans un mur et des barreaux de fer servant de fermeture. Ce genre de larcin n'indique pas chez le coupable un plus haut degré de perversité, il n'expose pas le propriétaire à plus de dangers que s'il n'y avait eu ni forcement ni dégration ; par conséquent, l'acte doit être considéré comme vol simple. D'ailleurs, l'observation rigoureuse des termes de la loi aurait dû suffire pour faire voir que telle était sa pensée ; en effet, c'est l'introduction plutôt que l'effraction qu'elle a voulu réprimer ; par conséquent, dès qu'elle n'a pas eu lieu, la peine ne doit pas être aggravée.

Nous en dirons autant du cas où le voleur a été mis en fuite après l'effraction, avant d'avoir pu s'introduire ou bien encore lorsque c'est pour fuir qu'il a commis l'effraction ; sans préjudice, bien entendu, des cas où l'effraction peut devenir un délit *sui generis*, et, comme telle, faire encourir une peine spéciale.

Le Code Pénal distingue deux sortes d'effractions (394). L'effraction extérieure est celle à l'aide de laquelle on s'introduit dans les logements, parcs ou enclos ; l'effraction intérieure est celle qui, après l'introduction du voleur dans le lieu du vol, est faite pour ouvrir les meubles fermés, quand même cette effraction n'aurait lieu que plus tard, et après l'enlèvement de ces mêmes meubles (395-396).

Remarquons à propos de cette dernière disposition, qu'il n'y aurait plus qu'un vol simple si le voleur rapportait l'objet volé ou si on parvenait à le lui reprendre avant qu'il l'ait ouvert. D'un autre côté, si le voleur ne trouve pas l'objet qu'il cherche dans le meuble qu'il a brisé, s'il s'enfuit sans rien dérober, il n'y a pas non plus dans cet acte vol avec effraction; toutefois, cette remarque est sans conséquence, car il y a eu de sa part tentative et nos lois la punissent, dans ce cas, comme le délit consommé.

37. Les mêmes motifs qui ont fait considérer l'effraction comme une circonstance aggravante du vol, ont fait punir sévèrement *l'escalade*. Si l'on en croit Jousse(1), le droit ancien prononçait contre le vol avec escalade la peine des galères et souvent même la mort. Nos lois l'ont mise sur la même ligne que l'effraction, et l'art. 397 en a donné la définition ; « l'escalade, dit-il, est toute entrée, dans les maisons, bâtiments, cours, basse-cours, parcs et enclos, exécutée par dessus les murs, portes, fenêtres, toitures, etc. » L'escalade n'est pas, comme l'effraction, intérieure ou extérieure, elle n'est qu'extérieure ; qu'un voleur s'introduise dans une habitation sans escalade, et qu'ensuite, pour parvenir à son but il se trouve obligé de franchir un mur, un obstacle quelconque, il n'y aura pas escalade dans le sens de la loi. L'escalade est l'emploi d'un moyen ex-

(1) Jousse iv; 222.

traordinaire, nécessaire pour s'introduire quelque part ; par conséquent, point d'escalade dans le fait de celui qui s'introduit dans une habitation par une porte laissée ouverte, par la brèche d'un mur qui s'est écroulé, en traversant un ruisseau qui se trouve en état de congélation. Réciproquement, il y a escalade, la loi le déclare formellement, si le voleur s'est introduit par un souterrain qui ne sert pas d'entrée habituelle à une maison, quoique dans ce fait il n'y ait pas, à proprement parler, escalade.

Il faut, du reste, que l'emploi de ces moyens extraordinaires ait été accompagné d'un certain effort ; ce n'est qu'alors que la criminalité grandit, que l'acte devient plus répréhensible.

Enfin, d'après les principes que nous avons admis en matière d'effraction, il faut reconnaître que l'on ne peut punir comme vol avec escalade le fait d'être monté sur un mur, sur un toit pour y dérober des tuyaux qui y étaient attachés.

38. Il est une troisième circonstance que la loi a mis sur la même ligne que les deux précédentes, et à laquelle elle attache la même pénalité : c'est l'emploi de *fausses clefs* pour commettre un vol. « Sont qualifiées fausses clefs, dit l'art. 398, tous crochets, rossignols, passe-partouts, clefs imitées, contrefaites, altérées ou qui n'ont pas été destinées par le propriétaire, locataire, aubergiste ou logeur, aux serrures, cadenas, ou aux fermetures quelconques auxquelles le coupable les aura employées. » Il importe peu, d'après cela, que les clefs dont le voleur a fait usage, aient été spécialement fabriquées pour commettre le vol, ou qu'elles aient été seulement détournées de l'usage auquel elles étaient desti-

nées; une clef n'est véritable, dit l'exposé des motifs, que relativement à sa destination. Mais que décider si le voleur s'est servi de la véritable clef qui avait été égarée ou perdue par le propriétaire? La Cour de Cassation déclare que dans ce cas il y a vol avec fausses clefs; malheureusement, les termes de la loi ne peuvent souffrir cette extension, la loi n'a pas prévu ce cas spécial, nous ne pouvons y appliquer l'art. 398. Il y a analogie entre le propriétaire qui perd sa clef et celui qui laisse sa porte ouverte, qui ne ferme pas la brèche de son mur, il est coupable d'une imprudence, il doit en subir les conséquences.

A part cette aggravation de la peine, dans le cas de vol avec fausses clefs, la loi prononce un châtiment spécial contre celui qui a contrefait ou altéré des clefs; elle le punit d'un emprisonnement de trois mois à deux ans et d'une amende de 25 à 150 fr.; de plus, la peine peut être élevée à la réclusion si le coupable est un serrurier. De la part de ce dernier, il y a, en effet, plus qu'un délit; il y a abus de sa profession, et la facilité qu'il peut avoir pour commettre ce délit doit le faire punir plus sévèrement; sans préjudice des règles relatives à la complicité, qui peuvent le plus souvent trouver leur application.

Enfin, une dernière circonstance à laquelle la loi attache les conséquences qui résultent de l'escalade, de l'effraction et de l'emploi de fausses clefs, c'est *l'usurpation d'un faux titre, d'un faux ordre, d'un faux costume*; en effet, elle facilite l'introduction du voleur chez les particuliers, et doit être d'autant plus sévèrement punie qu'elle est plus difficile à prévenir. Seulement l'art. 381 ne peut recevoir son application qu'autant que l'emploi

9

de faux titres a été pratiqué dans une maison habitée, car il l'indique positivement, et que le titre, le costume usurpés n'étaient pas ceux de l'agent; il ne serait plus applicable si l'agent n'avait fait qu'abuser des fonctions qui lui étaient conférées.

CHAPITRE II.

DES ACTIONS DÉRIVANT DU VOL.

30. Pour rester fidèles à l'ordre que nous nous sommes imposé en Droit romain, il nous reste à parler des actions qui dérivent du vol. Cette matière nous conduirait naturellement à étudier les règles relatives à l'action publique et à l'action civile; mais les limites que nous impose la nature même de notre travail, nous empêchent d'aborder un sujet aussi vaste qu'intéressant, et dont les dispositions, du reste, ne sont pas spéciales au délit qui nous occupe. Nous nous bornerons donc à poser les principes généraux et à analyser certaines règles particulières et dont l'interprétation a donné lieu à quelques difficultés.

Lorsqu'un vol est commis, lorsqu'une atteinte est portée à la propriété, il y a dans ce fait plus qu'un attentat personnel aux droits d'un individu, le trouble qui en résulte rejaillit sur la société tout entière; il y a scandale et le coupable doit réparation non seulement à la personne qu'il a offensée, mais encore à la société, dont il fait partie. Telle est l'origine de l'action publique. Nous avons vu comment s'introduisit, dans notre législation, cette action du pouvoir social; nous avons dit un mot de ses développements au commencement de cette partie.

Le but de l'action publique en matière de vol est de punir le coupable, de le mettre dans l'impossibilité de commettre de nouveaux délits, et de tâcher de le ramener à de meilleurs sentiments; c'est aussi de donner un salutaire exemple à ceux qui seraient tentés de l'imiter, et de les arrêter par l'intimidation. Les moyens qui servent à produire ces résultats, ce sont les peines que le législateur a fixées, et dont l'intensité peut être proportionnée aux besoins de la société, à la culpabilité de l'agent. Nous les avons énumérées ainsi que les différentes circonstances qui avaient pu influer sur la sévérité de nos lois pénales; nous ne reviendrons pas sur ce sujet.

Quant à l'exercice de l'action publique, il appartient à des fonctionnaires spéciaux dont la compétence et les obligations sont réglées par le Code d'Instruction criminelle, suivant les différents cas dans lesquels ils peuvent agir.

L'action publique est complètement indépendante de l'action civile, et l'extinction de cette dernière n'entraînerait pas celle de l'autre. Maintenant, les magistrats chargés de l'exercer doivent-ils toujours le faire, ou bien peuvent-ils, dans certains cas, fermer les yeux et négliger de poursuivre des faits tombant sous l'application des lois pénales? L'esprit de la loi et le but qu'elle veut atteindre nous portent à répondre affirmativement; parmi les crimes et les délits, comme le dit un auteur (1), il est une distinction importante à faire, une nuance philosophique à saisir : les uns attentent directement à l'ordre social et à l'humanité, ceux-là ne méritent point de grâce; il en est d'autres, au contraire, qui attentent

(1) M. Bérenger, de la Justice Criminelle, p. 278.

à la morale privée et publique d'une manière moins ouverte ; ceux-ci, on ne peut se dispenser de les poursuivre lorsqu'ils sont devenus publics ; mais lorsqu'ils de-
meurent ignorés, c'est au magistrat à examiner si le
scandale qu'occasionnerait un éclat imprudent ne serait
pas plus pernicieux que le mal en lui-même. Il serait, en
pareil cas, contraire aux intentions du législateur, d'instruire d'office des procédures qui seraient sans objet et
qui n'auraient d'autre résultat que de grever inutilement
le trésor public.

Au reste, que le ministère public se taise ou qu'il réclame l'application de la peine, la partie offensée n'en
conserve pas moins le droit d'exiger réparation et d'exercer
l'action civile. Les prétentions qu'elle peut élever sont de
plusieurs sortes : elle a d'abord le droit de revendiquer
sa propriété, elle a ensuite celui de demander des dommages-intérêts. Pour ce qui est des dommages-intérêts
en matière de vol, ils doivent être proportionnés au préjudice causé ; c'est aux juges chargés de les prononcer
à voir si ses conclusions sont ou non exagérées. Quant
à la revendication, plusieurs hypothèses peuvent se
présenter, suivant que la chose volée est restée entre
les mains du voleur ou est passée entre celles d'un tiers.

40. Lorsque le voleur la possède encore, le propriétaire volé peut, par tous les moyens, le forcer à lui
rendre l'objet qu'il lui a dérobé ; il a pour cela les moyens
que lui donne le Code de Procédure au titre de la saisie-
revendication (art. 826-831).

Quelquefois, la chose volée se trouve entre les mains
de la justice et sert de pièce de conviction ; les juges or-
donnent alors, en prononçant la sentence, qu'elle soit
restituée au propriétaire.

Il arrive d'autres fois que depuis la soustraction elle a péri; c'est alors à celui auquel elle appartenait à en faire l'estimation et à en réclamer la valeur; peu importe, du reste, que cette perte soit arrivée par cas fortuit ou par la faute du voleur, dans les deux cas sa responsabilité est la même.

41. Il peut arriver enfin que la chose volée existe encore, mais qu'elle se trouve entre les mains d'un tiers-détenteur; c'est ici le cas de faire l'application des principes posés par le Code Napoléon au titre de la prescription. Les art. 2279 et 2280 s'expriment ainsi : « En fait » de meubles, possession vaut titre. — Néanmoins, celui » qui a perdu ou auquel il a été volé une chose peut la » revendiquer pendant trois ans à compter de la perte » ou du vol, contre celui dans les mains duquel il la » trouve; sauf à celui-ci son recours contre celui duquel » il la tient.

» Si le possesseur actuel de la chose volée ou perdue l'a » achetée dans une foire ou dans un marché, dans une » vente publique, ou d'un marchand vendant des cho- » ses pareilles, le propriétaire originaire ne peut se la » faire rendre qu'en remboursant au possesseur le prix » qu'elle lui a coûté. »

Le sens de cette maxime, en fait de meubles, possession vaut titre, n'a pas été expliqué de même par tous les jurisconsultes; les uns ont prétendu qu'elle signifiait que le possesseur d'un meuble est présumé, jusqu'à preuve contraire, en être le véritable propriétaire; or, cette signification ne peut être celle de la loi, car, ainsi entendue, la disposition serait inutile, puisque c'est un principe de droit commun que la possession d'un bien mobilier ou immobilier forme pour le possesseur une présomption de propriété qui subsiste tant qu'elle n'est pas détruite par la preuve contraire. Tel n'est donc pas le sens de la loi; l'art. 2279 a voulu dire qu'en principe on ne revendique pas les meubles; leur prescription est instantanée, elle est indépendante du laps de temps, elle est acquise par le seul effet de la possession. Le possesseur d'un immeuble est bien présumé propriétaire de cet immeuble; mais la présomption établie en sa faveur n'est pas invincible; elle peut être combattue par la preuve contraire. A l'inverse, le possesseur d'une chose mobilière à qui le demandeur en revendication ne prouve pas qu'il la tient de lui, demandeur, à titre précaire ou résoluble, et qu'il est possesseur de mauvaise foi, trouve dans le seul fait de la possession une réponse victorieuse à l'attaque dirigée contre lui; sa possession *vaut titre*, elle lui tient lieu d'une juste cause d'acquisition; en un mot, en fait de meubles, le droit de suite n'existe pas dans notre législation.

Cette règle, empruntée à Bourjon (1) par les rédacteurs du Code, se justifie assez par les principes généraux du droit; ainsi, les meubles passant de mains en mains par de simples conventions verbales, la propriété mobilière se trouve rarement constatée par écrit, et la loi encourage, au lieu de paralyser cette circulation rapide, toute favorable au commerce. Quand j'achète un meuble à une personne, si je lui demande de me justifier le droit de propriété qu'elle prétend avoir sur cet objet, en me représentant des titres qui le constatent, elle me répondra qu'elle n'en a pas, et je serai forcé de la croire sur parole, de m'en rapporter à sa bonne foi; sa réponse

_____

(1) Bourjon, t. 1, p. 1094.

sera, d'ailleurs, d'autant plus vraisemblable que l'habitude est de traiter verbalement de ces sortes d'objets.
C'est même là un des caractères qui les distinguent des
immeubles; celui qui achète un immeuble est inexcusa-
ble s'il ne se fait représenter tous les titres, tous les écrits
qui, comme le dit M. Troplong, font connaître sa filia-
tion légitime : le peu de valeur qu'ont en général les objets mobiliers comparés aux immeubles, est un des motifs
qui ont dicté au législateur la règle qu'il a formulée. Sup-
posez, en effet, qu'un meuble, comme cela arrive souvent, soit acheté, revendu plusieurs fois de suite, qu'il
passe entre les mains de plusieurs maîtres consécutifs,
permettez au premier propriétaire, à celui qui a impru-
demment confié sa chose à un tiers, permettez-lui d'actionner le dernier acheteur; il en résultera, de la part de
tous les acheteurs successifs, une suite d'actions qui ab-
sorberont en frais inutiles la valeur de la chose et quelquefois bien au delà.

Ainsi donc le peu d'importance des objets mobiliers,
en même temps que la facilité et la rapidité des transac-
tions commerciales, peuvent suffisamment justifier la règle qu'a formulée le législateur. Toutefois, les motifs qui
l'ont fait admettre l'ont en même temps fait restreindre
dans de certaines limites. Elle ne s'appliquera, par
exemple, ni aux meubles incorporels, ni aux universa-
lités de meubles corporels ou incorporels, parce que
d'ordinaire la propriété de ces choses se constate par
des écrits; celui qui s'en rapporte à la foi d'un prétendu
créancier est en faute et ne mérite pas protection; d'ailleurs, l'identité d'une rente, d'une créance, n'est pas
plus difficile à constater que celle des immeubles.

En second lieu, tout le monde ne pourra pas indistinctement l'invoquer ; ainsi, pour cela , il faudra être de bonne foi ; cette conséquence résulte de l'art. 1141 du Code Napoléon ; elle est trop évidente pour que nous essayons de la démontrer ; on ne peut admettre , par exemple, que le voleur, celui qui s'empare d'une chose par violence, puisse invoquer la règle ; la loi ne peut favoriser le dol ou la fraude. Pour profiter de la maxime, il faut, en outre, avoir acquis le meuble par juste titre ; ainsi le dépositaire , le mandataire , l'emprunteur , ne peuvent l'invoquer, car la possession qu'ils ont n'est pas à titre de propriétaire ; s'ils le faisaient, ce serait par dol, et en prétendant à une propriété qu'ils savent ne pas avoir ; d'ailleurs , s'ils détiennent la chose, c'est au nom du véritable propriétaire, du préteur, du déposant, et l'on peut dire, avec l'art. 2236, qu'ils ne possèdent pas. Du reste, la présomption de juste titre est toujours accordée au possesseur.

Enfin, on ne peut invoquer la maxime qu'autant que soi-même on n'est pas tenu de restituer la chose que l'on détient ; cette condition rentre d'ailleurs dans les deux autres , car celui qui est tenu de restituer ne peut être de bonne foi et posséder en vertu d'un juste titre.

Tel est le principe proclamé par le Code Napoléon ; mais, ainsi que nous l'avons vu, l'art. 2279 qui l'énonce, y apporte aussitôt deux exceptions ; l'une est relative aux choses perdues, l'autre aux choses volées.

42. Pour ce qui est des choses perdues , voici comment peut s'appliquer l'exception de la loi ; celui qui perd un objet est censé l'avoir perdu par un de ces accidents fortuits qui atteignent les plus diligents ; par conséquent il n'y a aucune faute à lui imputer , et entre sa position et celle de l'acheteur que l'on suppose aussi de

bonne foi ; la loi a préféré celle du premier ; c'est pour cela qu'elle a fait une exception en sa faveur ; et lui a permis de revendiquer sa chose même contre cet ache-teur. Toutefois on s'étonne ; et ce n'est peut-être pas sans raison, de cette différence qui existe entre le per-dant et celui qui confie sa chose à un homme indigne de sa confiance ; mais à cela le législateur peut répondre qu'en s'en rapportant à cet individu, le propriétaire a commis une faute dont il doit seul subir les conséquences.

Le motif que nous venons de signaler militait, à plus forte raison en faveur du volé ; il était juste d'accorder protection au propriétaire qui avait été victime d'un vol, de lui donner tous les moyens possibles de recou-vrer la propriété qu'il avait perdue. Au reste, dans l'in-térêt même de la société, et pour atteindre plus sûre-ment le coupable, il était important d'admettre l'excep-tion de l'art. 2279, sans laquelle les tiers n'auraient eu aucun intérêt de s'enquérir de la moralité du possesseur avec lequel ils traitent. C'est aussi ce qui avait fait ad-mettre ce principe dans l'ancien droit, *pourvu*, disait Bourjon, *que le furte soit constaté* (1).

Quoiqu'il en soit, l'exception admise, notre Code la restreint dans de justes limites. D'abord, le propriétaire de la chose volée ne peut la revendiquer que pendant les trois ans qui ont suivi le vol, peu importe la durée de la possession de celui qu'il attaque. L'intérêt du com-merce exigeait ce tempérament ; il ne fallait pas laisser trop longtemps dans l'incertitude la propriété des meu-bles, et l'on devait croire que celui qui laissait passer trois ans sans faire de réclamations avait renoncé à la

(1) T. 1, p. 143, n° 2.

propriété des choses qu'il avait perdues ; et qu'en tous cas il était en faute de ne pas avoir plutôt fait valoir ses droits.

43. Lorsqu'une chose volée est ainsi revendiquée, le possesseur actuel est tenu de la rendre au propriétaire, mais cette obligation a-t-elle pour corrélative chez le volé, celle de rendre le prix de la chose revendiquée ? Il faut faire une distinction : la loi ne permet au possesseur de se faire restituer le prix qu'autant que la chose acquise par lui l'a été dans une foire, dans un marché, dans une vente publique ou d'un marchand vendant des choses pareilles ; elle suppose, en effet, que dans ce cas le possesseur n'a pu se douter de l'origine de la chose ; sa bonne foi est si évidente, son erreur si légitime, qu'il y aurait injustice à se montrer trop rigoureux. Dans ce cas, le propriétaire a un recours contre le voleur pour se faire restituer le prix qu'il a déboursé. Au contraire, si la chose volée a été achetée partout ailleurs que dans les circonstances que nous venons d'énumérer, le possesseur doit la rendre au propriétaire sans exiger de lui aucune restitution ; il ne peut s'adresser qu'au voleur ou à celui dont il tient la chose pour se faire indemniser de la perte qu'il éprouve.

44. Les articles que nous venons d'expliquer font naître une difficulté ; le mot vol y est-il pris dans un sens général, c'est à dire doit-on y faire rentrer tout fait par lequel une personne est injustement dépouillée de ce qui lui appartient, ou bien faut-il seulement la comprendre dans le sens de la définition que la loi en donne et que nous avons expliquée plus haut? Cette question doit se résoudre suivant les cas, et l'on doit s'attacher, surtout, à suivre l'esprit de la loi.

Le but des articles 2279 et 2280 est, comme nous l'avons vu, de protéger en toutes circonstances celui qui n'a aucune faute à s'imputer ; or, suivant que la victime du fait dommageable aura ou n'aura pas une faute à s'imputer, il faudra lui accorder ou lui refuser l'exception qu'apporte la loi à la maxime : « *en fait de meubles, possession vaut titre.* » En matière d'escroquerie, par exemple, lorsqu'il n'y a pas, à proprement parler, *soustraction* parce que le propriétaire trompé par le dol ou la fraude a donné son consentement, il faudra, malgré cela, lui accorder l'action ; car, s'il a consenti, c'est qu'on a abusé de sa bonne foi ; il a pris toutes les précautions qui étaient en son pouvoir, mais on l'a trompé par des manœuvres frauduleuses. On peut objecter que cette doctrine n'est pas celle de la loi, puisqu'elle distingue positivement entre le vol et l'escroquerie ; cette objection a quelque chose de sérieux ; cependant, il est incontestable que l'esprit général de la loi favorise la décision que nous adoptons avec la jurisprudence.

Nous ne pouvons admettre le même principe à l'égard de l'abus de confiance ; ici, c'est le cas de dire que le propriétaire est en faute, il a mal placé sa confiance, et lorsqu'il viendrait dire au tiers-acquéreur qu'il est lui-même en faute d'avoir acheté un meuble sans en connaître l'origine, celui-ci pourrait bien lui répondre qu'il en a commis une plus grande encore en se livrant à la discrétion, et en se faisant représenter par un homme indigne de sa confiance.

La position du propriétaire qui a perdu une chose qui lui appartenait, est ainsi nettement tracée : lorsque le tiers-détenteur est de mauvaise foi, il a trente ans pour réclamer ; s'il est de bonne foi, il ne peut agir que pendant trois ans. Vis à vis du voleur, l'action du propriétaire dure trente ans ; il est de mauvaise foi, par conséquent, il ne peut prescrire que par ce laps de temps. C'est là un fait incontestable, les principes de la prescription sont formels ; toutefois, il se présente une difficulté.

45. Les art. 637 et suivants du Code d'instruction criminelle fixent la durée de l'action publique et de l'action civile à dix ans pour les crimes, trois ans pour les délits, un an pour les contraventions. Au bout de ce temps, toute poursuite criminelle contre l'auteur d'un fait condamnable doit cesser, toute action doit être refusée ; la loi a pensé qu'après un si long intervalle, le scandale était oublié, elle a cru que si la victime était restée si longtemps sans se plaindre, sans exiger réparation, c'est qu'elle attachait peu d'importance à la chose qu'elle avait perdue ou qu'elle ne voulait pas éveiller les soupçons contre le voleur. Ces suppositions ne sont pas dénuées de fondement, et l'extinction de l'action est assez conforme aux règles de la justice. Mais alors que devient le droit de revendiquer si le voleur ne peut plus être poursuivi ? Cette question est délicate, comme on le voit, et avant de trouver une contradiction entre les termes de la loi, il faut chercher à les concilier. Or, ne peut-on pas admettre que l'action civile est complètement indépendante de l'action en revendication ? Cela est évident ; l'action civile résulte d'un délit, l'action en revendication résulte de la propriété ; l'action civile a pour but la réparation du dommage ; l'action en revendication est indépendante du vol ; pour l'intenter, il n'est pas besoin de prouver que le vol existe ; par conséquent les dispositions du Code d'instruction criminelle

relatives à l'action civile ne doivent pas s'appliquer à l'action en revendication.

L'action en revendication subsistera donc, on pourra l'exercer même après l'extinction de l'action civile ; toutefois le demandeur devra agir prudemment ; le voleur est couvert par la prescription, le délit est effacé, et, sous aucun rapport, le coupable ne peut être recherché, le vol ne peut être prouvé ; par conséquent celui qui revendique devra éviter de prouver les faits constitutifs du vol , il devra seulement prouver la mauvaise foi ; ce sera souvent difficile, il faut le reconnaître ; toutefois, on peu supposer tel cas où il sera possible au demandeur de prouver la mauvaise foi du défendeur, sans pour cela le faire considérer comme voleur.

De cette manière, les dispositions du Code d'instruction criminelle se trouvent conciliées avec celles du Code Napoléon , et l'action civile comme l'action en revendication se trouvent circonscrites dans les limites différentes qui sont assignées à chacune de ces actions.

POSITIONS ET QUESTIONS.

Droit Romain.

1. Le dépositaire peut-il retenir la chose déposée jusqu'à ce qu'il ait été remboursé des impenses nécessaires ? Oui.

   V. L. 18, § ult. comm.; L. 15, § 2; L. 39, de furtis; L. 38, de hæred. petit.; L. 5, pr., de impens. in rem dot. fact. Dig. Nonobstant L. 11 dep., L. ult. de compens Code; § 30, Inst. de action...

2. Lorsque l'héritier se fait restituer contre son adition *beneficio œtatis*, la substitution vulgaire s'ouvre-t-elle ? Non.

   V. L. ult. de succes. edict., Dig.; L. 7, § 10, de minorib. Dig.; L. 5, de impub. et al. substit., Code. Nonobstant L. 2, § 3, de vulg. et pupill. subst., L. 61 de acq. hær., L. 2, § 10, ad S. C. Tertull. Dig.

3. Le possesseur de bonne foi est-il tenu de rendre au propriétaire qui revendique sa chose tous les fruits qui ont été produits ? Non.

   V. § 35, Inst. de divis. rer., L. 25, § 1, L. 28, de usuris.; L. 38, de acq. rer. dom. Dig.

   Doit-il rendre les fruits détachés du sol qui n'ont pas encore été consommés ? Oui.

   V. § 35, Inst. de divis. rer.; L. 22, de rei vind., Code; L. 48, Dig. de acquir. rer. dom. Nonobstant L. 27, Dig. de usuris, L. 28, § 1, ibid.

4. Les associés dont les apports sont égaux peuvent-ils convenir que le gain ou la perte seront inégalement distribués ? Oui.

   V. L. 23, de reg. jur., L. 6, L. 30, L. 80, pro socio; L. 38, de contrah. empt. Nonobstant L. 29, pro socio.

Droit Civil Français.

5. La condition de ne pas se remarier, insérée dans un contrat de mariage, est-elle valable ? Non.

6. L'indivision de cinq ans peut-elle être imposée dans un testament ? Non.

7. Une donation peut-elle être faite sous la condition de dotalité à une femme, qui ne s'est pas constitué en dot ses biens présents et à venir ? Non.

8. Une donation peut-elle être faite sous la condition de paraphernalité à une femme qui s'est constitué ses biens présents et à venir ? Oui.

9. En cas d'acceptation de la communauté, la femme doit-elle être préférée aux créanciers de la communauté pour le prélèvement de ses indemnités, comme pour celui de ses reprises ? Oui.

10. En matière de saisie-arrêt, si la dette du tiers-saisi est exigible, le saisi peut-il exiger de sa part le paiement du tout ce qui excède les causes de la saisie ? Oui.

Droit Criminel.

11. Le Français, déjà marié, qui a contracté en pays étranger un second mariage avant la dissolution du premier, pourra-t-il, s'il revient en France, être poursuivi et puni par les tribunaux français, pour fait de bigamie, sur la plainte de l'une des deux femmes ? Oui.

12. Les Cours d'assises peuvent-elles appliquer le bénéfice des circonstances atténuantes aux accusés qu'elles jugent par contumace ? Non.

13. Le complice ou le coauteur d'un parricide, est-il passible de la peine applicable au descendant de la victime ? Non.

Droit Public et Administratif.

14. Peut-on poursuivre judiciairement un ambassadeur pour avoir commis un crime même contre la sûreté de l'État ? Non ?

15. Les tribunaux civils peuvent-ils apprécier, en la forme, la validité des arrêtés de conflit ? Non.

APPROUVÉ :

Le Doyen de la Faculté de Droit,
LAURENS.

VU ET APPROUVÉ : *Le Recteur de l'Académie,*
VINCENS DE GOURGAS.